介護の基本テキスト 第2版

はじめて学ぶ介護

介護初学者
家族介護
介護ボランティア
向け

編著:**内田千惠子**
公益社団法人日本介護福祉士会　前 副会長
公益社団法人東京都介護福祉士会　前 副会長

HAJIMETE NO KAIGO

日本医療企画

はじめに

　日本では高齢者の人口が増加しています。特に75歳以上の後期高齢者が増え続け、若者の人口は減っていくと予測されています。高齢者が増加している現状を考えれば、国全体の問題として介護に取り組んでいくことが必要です。

　このような状況のなかでも、介護職の数は不足しています。その理由の１つとして、介護の仕事は「汚い」とか「きつい」というイメージによるものなのかもしれません。しかし、その認識はまちがっています。介護の仕事内容は生活全般にわたるもので、掃除や調理の支援、移動・排泄の介護などがありますが、命や生活を支える仕事です。「できることは利用者（介護を必要とする方）自身で行ってもらい、心豊かな生活を自分らしく過ごせるように支援をする」ことが介護なのです。介護で本当に重要なのは、利用者がどのような方で、何ができるのか（何ができないのか）を知ることなのです。

　また、介護はプロの介護職だけにまかせればよいものではなく、家族だけが担うものでもありません。ボランティアや地域の住民など、社会全体で支えることが大切です。

　このテキストでは、上記のような考えを軸とし、初めて介護を学習する方が取り組みやすいように介護の基本を載せています。

　ぜひ、本書を使って学んでいただき、介護に関心を持つ方が一人でも増えることを願っています。

　　　　　　　　　　　公益社団法人 日本介護福祉士会 前副会長

　　　　　　　　　　　公益社団法人 東京都介護福祉士会 前副会長

　　　　　　　　　　　　　　内田千惠子

本書の特徴と使い方

● 本文について

読みやすい文字の大きさでむずかしい単語には「ふりがな」をつけ、大切な単語や文章を太字で記しています

また、実践で役立つ部分は、本文とは別にして色（オレンジ）をつけてあります

● ここを学ぼう！

今から学ぶ内容がすぐにわかるよう節ごとに学習するポイントを箇条書きであげています

● 図表やイラストについて

図表やイラストには番号をつけています（章ごとにつけています。例：5章の3番目に出てくる場合、図表5－3）

● 表記について

「障害」と「障がい」

制度に関する表記は「障害」としています。その他については「障がい」と表記しています

「生活援助」と「生活支援」

「生活支援」とは、家事援助、身体介護のことをいいます。制度に関する表記は「生活援助」として表記しています

Contents

はじめて学ぶ介護 ● 目次

第1章 介護のための基礎知識 *1*

第1節 介護に必要な基礎知識 *2*
1 高齢社会の現状 *2*
2 介護の役割 *8*
3 介護職の役割 *10*

第2節 介護の意味 *14*
1 介護とは *14*
2 介護の基本原則 (利用者の日常生活を理解するために) *15*
3 人生の最期に関わる *18*
4 介護者の健康管理 *20*

第3節 ボランティア *23*
1 ボランティアの意義 *23*
2 ボランティアのあり方 *24*

第4節 レクリエーション *28*
1 レクリエーション *28*

第2章 介護保険などの制度とサービス *29*

第1節 介護保険制度の理念 *30*
1 介護保険制度はどうしてできたのか *30*
2 制度の理念 *31*
3 制度の特徴 *32*

第2節 介護保険制度のしくみとサービスの理解 *34*
1 介護保険制度のしくみ *34*

	2	介護保険制度のサービス	41
第3節		**高齢者向け福祉サービス**	**53**
	1	地方自治体の関わる高齢者福祉サービス	53
	2	高齢者の保健サービス	53
第4節		**高齢者虐待の防止と対応**	**55**
	1	高齢者虐待防止法	55
	2	高齢者虐待の定義	56
	3	国や地方公共団体の責任	59
	4	国民の責任	60
	5	介護職員や福祉・保健・医療関係者の責任	60
	6	介護職員等による高齢者虐待の防止	61
	7	虐待への具体的な対応	62
第5節		**障害者自立支援法と障害者総合支援法**	**64**
	1	障害者自立支援法の創設と改正	64
	2	障害者総合支援法のあらまし	66
	3	具体的なサービス	68
	4	介護保険制度と障害者総合支援法	70

第3章　高齢者の病気の基礎知識　　71

第1節		老化と障がいを知る	72
	1	「年齢を重ねる」ということ	72
	2	精神障がい	74
第2節		日常的な病気の基礎知識	77
	1	高齢者の病気	77
	2	廃用症候群（生活不活発病）	80
	3	尿失禁	82
	4	排便障がい	83
	5	その他の日常的な病気	85
第3節		高齢者に多い病気の基礎知識	90

	1	脳血管障がいとその後遺症	90
	2	視覚障がい	94
	3	聴覚障がい	95
	4	高血圧	97
	5	糖尿病	99
	6	骨粗鬆症・骨折	101
	7	パーキンソン病	102
	8	関節リウマチ	102
	9	慢性閉塞性肺疾患（COPD）	104
第4節		**感染症の理解と予防**	106
	1	感染症	106
	2	感染症とその対策	108
第5節		**介護におけるリハビリテーション**	113
	1	リハビリテーションとは	113

第4章　利用者や認知症高齢者のこころを支える　117

第1節		**利用者とその家族を支える**	118
	1	高齢者の生活と心理	118
	2	高齢者とのコミュニケーション	125
	3	精神面（心理面）への支援の方法	126
	4	高齢者の「家族」の理解	128
第2節		**障がい者（児）の心理と家族の理解**	133
	1	障がい者（児）の心理	133
	2	障がい者（児）のストレスの理解	134
	3	障がい者（児）の家族のストレスの理解	134
	4	家族がゆとりをもてるような配慮を	135
第3節		**認知症の基礎知識とケア**	136
	1	認知症	136
	2	症状	137

目　次

3　認知症を引き起こす病気 ……………………………… 143

4　認知症のケア ……………………………………………… 145

5　周辺症状への対応 ……………………………………… 148

6　認知症の在宅介護に携わる …………………………… 155

第5章　利用者を理解し信頼を形成する　159

第1節　相手の気持ちを受け止める ………………………… 160

1　信頼関係を築く ………………………………………… 160

第2節　ロールプレイの実践 ………………………………… 163

1　ロールプレイを実践してわかること ……………… 163

2　ロールプレイの方法 ………………………………… 164

第6章　介護技術の基本　167

第1節　家事援助 ……………………………………………… 168

1　家事援助とは ………………………………………… 168

2　買い物の支援 ………………………………………… 169

3　調理の支援 …………………………………………… 171

4　洗濯の支援 …………………………………………… 176

5　掃除の支援 …………………………………………… 182

第2節　移乗・移動の介助 …………………………………… 185

1　寝返り介助 (体位変換) について …………………… 185

2　寝返り (体位変換) の介助 …………………………… 189

3　移乗や移動の介助について ………………………… 191

4　状況の観察 …………………………………………… 191

5　移乗介助の準備や確認 ……………………………… 194

6　移乗の介助方法 ……………………………………… 195

7　車いすでの移動介助について ……………………… 198

8　状況の観察 …………………………………………… 198

9	移動介助の準備や確認	199
10	車いすでの移動介助の方法	199
11	歩行介助や福祉用具	204
12	状況の観察	204
13	歩行介助の準備や確認	205
14	歩行介助の方法	207

第3節　食事の介助 211

1	食事の介助について	211
2	状況の観察	212
3	食事介助の準備や確認	215
4	食事の介助方法	218

第4節　排泄の介助 221

1	排泄の介助について	221
2	状況の観察	222
3	排泄介助の準備や確認	224
4	排泄の介助の方法	225
5	おむつ交換	229

第5節　入浴と清潔の介助 231

1	入浴介助について	231
2	状況の観察	233
3	入浴介助の準備や確認	234
4	入浴介助の方法	234
5	清拭介助について	240
6	清拭介助の準備や確認	240
7	清拭介助の方法	241
8	手浴の効果と方法	244
9	足浴の効果と方法	245

第6節　衣服着脱の介助 248

1	衣服の着替え	248
2	状況の観察	248

目　次

3　衣服着脱介助の準備や確認 ························· **249**
4　衣服着脱の介助と自分で脱ぎ着する方法 ············· **251**
第7節　事故や病気のときの対応 ····················· **254**
1　緊急時の対応 ································· **254**
2　応急処置の方法 ······························ **260**

第7章　住み慣れた地域で暮らすために　267

第1節　地域ケアの拠点とサービス ···················· **268**
1　地域包括支援センター ·························· **268**
2　地域密着型介護（介護予防）サービス ················· **269**
3　地域包括ケアシステム ·························· **270**
第2節　在宅医療の基礎知識 ························· **271**
1　医療保険と介護保険 ···························· **271**
2　在宅医療 ··································· **272**
3　訪問看護 ··································· **273**

第 1 章

介護のための基礎知識

第1章　介護のための基礎知識

第1節　介護に必要な基礎知識

・日本の高齢社会の現状について理解する
・自立した生活につなげる支援をする
・介護サービスと家事手伝いはまったく違うもの
・介護サービスは生活する場で提供される
・利用者のライフスタイル（生き方）を尊重する

1 高齢社会の現状

（1）　増加する高齢者の割合

1．日本人の4人に1人は高齢者

　2018（平成30）年8月1日時点のわが国の総人口は、1億2,649万3千人です。それでは、65歳以上[※1]の高齢者人口はどうでしょう。過去最高の3,533万人で総人口の27.9％を占めています。つまり、**日本人の4人に1人は高齢者**なのです。

　　※1　わが国では一般に65歳以上を高齢者としている

2．2060年には2.5人に1人が高齢者

　1950（昭和25）年の65歳以上の高齢者人口は、総人口の5％未満でした。日本は今まさに超高齢社会[※2]となっていますが、2060年には総人口が約9,284万人となり、現在より約30～40％減少すると推測されています。

　一方で、65歳以上の高齢者人口は年々上昇し、2060年には総人口の

第1節　介護に必要な基礎知識

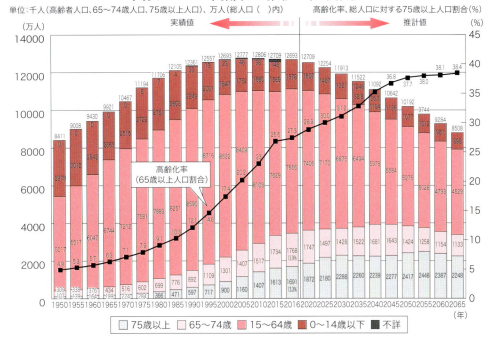

出典：2015年までは総務省「国勢調査」、2016年は総務省「人口推計」（平成28年10月1日確定値）、2020年以降は国立社会保障・人口問題研究所「日本の将来推計人口（平成29年推計）」の出生中位・死亡中位仮定による推計結果

注：2016年以降の年齢階級別人口は、総務省統計局「平成27年国勢調査　年齢・国籍不詳をあん分した人口（参考表）」による年齢不詳をあん分した人口に基づいて算出されていることから、年齢不詳は存在しない。なお、1950〜2015年の高齢化率の算出には分母から年齢不詳を除いている。

38.1％に達し、**日本人の2.5人に1人は高齢者**になると推測されています（**図表1－1、図表1－2**）。

　　※2　総人口に占める65歳以上の老年人口の割合（高齢化率）が21％を超えた社会のこと。なお、高齢化率14〜21％までを「高齢社会」、7〜14％までを「高齢化社会」という

(2) 高齢者の健康・介護問題

1．年齢が高くなるほど強くなる日常生活への影響

　65歳以上の高齢者の半数近くが自分の健康状態について病気やケガなど何らかの自覚症状を訴えているというデータがあります（**図表1－3**）。

第1章　介護のための基礎知識

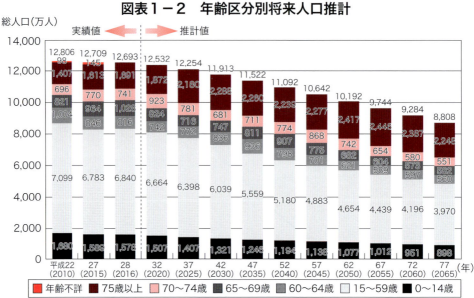

図表1−2　年齢区分別将来人口推計

出典：2010年と2015年は総務省「国勢調査」、2016年は総務省「人口推計」（平成28年10月1日確定値）、2020年以降は国立社会保障・人口問題研究所「日本の将来推計人口（平成29年推計）」の出生中位・死亡中位仮定による推計結果

注：2010年、2015年の総数は年齢不詳を含む

図表1−3　65歳以上の高齢者の有訴者※率等

出典：厚生労働省「国民生活基礎調査」（2013年）
※病気やケガなど自覚症状のある人

　自覚症状を訴えている人のうち日常生活に影響のある高齢者の数を比べると半分程度で、年齢層が高くなるほど増加しています。影響が出ている内容としては、移動、着替え、食事、入浴などの「日常生活動作（ADL）」

第1節　介護に必要な基礎知識

と「外出」が圧倒的に多く、次いで「仕事・家事・学業」や「運動」という結果となっています。

また、健康状態がよい人ほど、日常生活全般の満足度が高くなっているというデータ結果も出ています。

2．高齢社会が進み、介護が必要な高齢者も増加

医療技術の進歩などにより、日本人の平均寿命（男性80.98歳、女性87.14歳〈『平成28年簡易生命表』厚生労働省〉）が延び、高齢化が進んでいる日本では、介護が必要な高齢者も増加しています。

また、**要支援**または**要介護**と認定された65歳以上の人数は、2000（平成12）年の介護保険制度スタート時では218.1万人でしたが、2018（平成30）年5月では645.9万人と、15年間で約3倍に増えています（**図表1－4**）。

図表1－4　要支援・要介護認定者数

単位：人

2000年4月	要支援		要介護1	要介護2	要介護3	要介護4	要介護5	合計
	290,923		551,134	393,691	316,515	338,901	290,457	2,181,621
2018年5月	要支援1	要支援2	要介護1	要介護2	要介護3	要介護4	要介護5	合計
	886,214	888,468	1,300,598	1,128,815	857,807	793,795	604,022	6,459,719

出典：厚生労働省「平成28年5月暫定版介護保険事業状況報告」より

（3）　高齢者の生活環境

1．高齢者の多くは自宅での生活継続を希望

現在の住居に関する満足度について60歳以上の高齢者に聞くと、「満足」または「ある程度満足している」人は76.3%という結果が出ています（**図表1－5**）。

第1章　介護のための基礎知識

　また、からだが弱ったときに住みたい場所としては「自宅に留まりたい」と「改築の上、自宅に留まりたい」という答えが多く、合計が全体の約3分の2となっています。

図表1−5　現在の住居に関する満足度

	満足している	ある程度満足している	やや不満である	不満である	わからない	無回答
総数	31.9	44.4	15.0	4.8	1.3	2.6
持家	34.6	44.5	14.2	3.7	0.9	2.2
賃貸住宅	12.5	44.1	22.6	12.9	3.0	4.8

出典：内閣府「高齢者の日常生活に関する意識調査」（平成26年）
注：対象は全国60歳以上の男女

2. 高齢者が事故を起こすもっとも多い場所は「居室」

　65歳以上の高齢者の事故を調べると、家庭内事故の発生場所別では「居室」25.8％、「階段」13.1％、「台所」11.9％が多く、行動別では「歩いていた（階段の昇降を含む）」が29.0％と、もっとも多くなっています（**図表1−6**）。

　居住空間は安心してくつろげる場所ですが、一方で高齢者にとって危険がひそんでいる場所であることも理解しましょう。高齢者が安全かつ安心でき、より自立した日常生活を送るためには、居住環境を整備することも大切です。

第1節　介護に必要な基礎知識

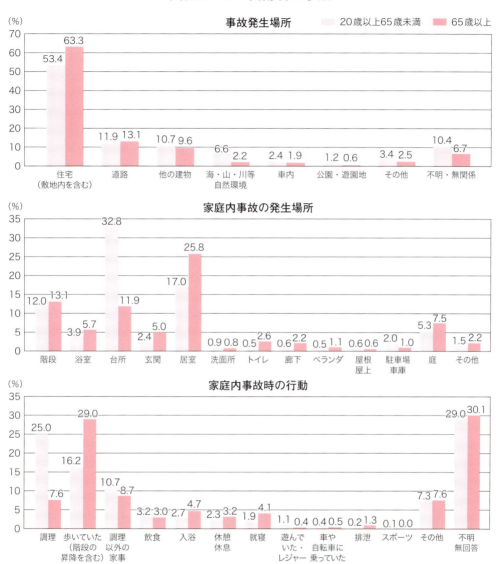

図表1-6　高齢者の事故

出典：国民生活センター危害情報システム調査
注：2003～2007年度に国民生活センター危害情報システムへ全国20の病院から寄せられた情報の集計結果

第1章　介護のための基礎知識

介護の役割

（1）　利用者が自立するための支援

1．自立の意味と意義

　自立とは、ある事柄を自分で決定し、実行することができる状態です。**日常生活動作**（**ＡＤＬ**：日常の生活を送るために必要な基本動作）が自分でできるというのは、もちろん自立ですが、実行は困難でも決定することができる、ある一部分でも自分でできるというのも自立です。大事なことは主体的に生活するということです。認知症になり、自分で決めることができないような状態になっていたとしても、以前のその人らしい生活を反映させ、できることは少しでもしてもらうことが大事なのです。

　なぜ、自立した生活を営むことが大切なのでしょうか。それは人間の**尊厳**（**個人の尊重**）に直接関わることだからです。人間はどういう状況になったとしても、究極的には「自分のことは自分でしたい」という気持ちをもっています。

　そのため、病気や障がいがあっても、その人のもっている能力を活用しながら（引き出して）、その人にあった自立した生活ができるように支援することが大切です。**利用者**（介護保険のサービスを利用する要介護者等や、支援を必要としている人。以下「利用者」とします）の生き方や価値観に寄り添いながら、その人なりの達成感を得られるような支援をします。

第1節　介護に必要な基礎知識

（2）　役割意識と自尊心のための働きかけ

1．人は役割意識をもつことで、自尊心を保持できる

　人間は自分が人の役に立っているとわかると、自己への肯定感が増し（自信が回復し）、生活全体の安定感が高まります。つまり、何らかの**役割意識をもつ**（**社会のなかで自分の役割を見つける**）ことで、**自尊する気持ち（プライド）**を保つことができ、そのことが生きがいにつながります。

事例●「他者へのいたわりの気持ちが自立へとつながった」

　ある特別養護老人ホームに入居されているＡさん（85歳・女性）は、特に身体のまひなどはないのですが、下肢筋力の低下があって動かなくなっていました。歩行器を使えば歩けるのに車いすでの介助を要求し、着替えも自力でできるのに手伝ってほしいと言います。ほとんどすべてのことに満足できず、介護職員やまわりの人に介助を求め、自分の思うようにならないと激しく怒り、食事を拒否し、寝間着のままベッドで過ごすなどの行動をとります。同室者や同じフロアの人ともささいなことでよくケンカになります。

　あるとき、同室者としてほとんど寝たきりの人が入居しました。するとＡさんは「隣の人が困っているわ」と知らせてくれたり、「私は自分で着替えるから隣の人の着替えをしてあげて」と言うようになりました。介護に手出しをするようなことはしませんが、隣の人を見守ったり、話しかけたりして困っていることを代わりに介護職員に伝えようとしてくれました。同室に寝たきりの人がきたという環境の変化により、Ａさんは、自分のことは自分でするという気持ちになり、自分より弱い立場の人をいたわろうという気持ちが生まれたようです。

9

第1章　介護のための基礎知識

介護職の役割

（1）　介護専門職の存在

1．利用者の暮らしを支える介護専門職

　介護が必要な人を支援することを仕事としている人が**介護専門職**です。介護専門職は、高齢者や障がい者などの生活のほとんどすべての場面に関わります。

　利用者（支援が必要な人）の暮らしに関わる職種は介護職員初任者研修修了者、実務者研修修了者、生活援助従事者研修修了者をはじめ、利用者により適切なサービス提供のコーディネイトをする介護支援専門員（ケアマネジャー）や国家資格である社会福祉士、介護福祉士（社会福祉士及び介護福祉士法で規定された資格）、任用資格としての社会福祉主事（社会福祉法で規定された資格）などさまざまな人がいます。

（2）　介護者が行うべき支援

1．利用者の暮らしを支えるための支援

　介護をするためには、高齢者や障がい者などの生活のさまざまな場面で、自分で行いにくくなっている動作や行動、作業について、なぜ行いにくくなっているのか情報収集して、原因分析をする必要があります。その上で、少しでも自分でできるようになるための支援の方法を考え、自力ではどうしてもできない人には、その気持ちや意向を聞きながら主体的な生活になるよう支援します。

　「歩けない」ということですぐに車いすを使うのではなく、「歩行器を使

第1節　介護に必要な基礎知識

えば少しは歩けるか」などともっている力を考え、その能力を引き出します。安全に歩行器が使えるように床にあるものを整理したりする環境整備なども介護の1つです。1人ではなかなか起き上がれない人には、からだをどのように動かすのか、どこをつかんだらよいのかなどを助言したり、ガイドしたりします。調理がむずかしくなってきた人にも、調理の過程のどのようなことができるのかを（どのようなことができないかももちろん見ます）見て、いすに座っていたら包丁を使って食材を切ることができる、味付けができる、盛り付けができるなどともっている力を発見し、できることは本人にしてもらいます。介護というのは、介護者がお手伝いして何でも行うということではないのです。

（3）　介護の種類

1. 身体介護と生活援助

　介護専門職や介護者の役割は、利用者の**生活の質**（QOL=Quality of Life）が高まるように自立を支援することです。そのための直接支援として、介護においては**身体介護**と**生活援助**という考え方があります。身体介護とは移動の際にからだを支える、着替えを介助するなどからだに直接触れて行う支援や残存機能（もっている力）を引き出せるよう動きをガイドしたりすることです。生活援助とは調理・掃除・洗濯などの日常生活に必要な家事全般の支援です。

　生活援助は家事代行サービスと似ているといわれることがあります。例えば、「部屋掃除」を行うことがあります。介護の生活援助においては「利用者の自立」を目的としており、利用者ができる部分は一緒に行います。利用者や家族の代わりとして掃除に関するすべてを行うのとは、まったく異なります。

第1章　介護のための基礎知識

　介護職はよく観察し、利用者の体格や身体機能の状況に適した体位変換をするなどといった専門的な技術や知識を使い介護をします。また、家族の介護負担を和らげる目的で、家族に代わって身体介護や生活援助をすることがあります。家族が介護に疲れてしまうと利用者も含めた家族全体の生活が成り立たなくなってしまうからです。

2．こころのケア

　からだが不自由になり、身のまわりのことを自分だけでしにくくなったり、自分の役割がなくなってしまう、自分が大切に思っていた配偶者や近親者、友人の死などの喪失体験が精神的な不安や落ち込みにつながってしまうことがあります。日常生活を他者に依存することが多くなれば、迷惑をかけるという負担感や気がねなどの心理も働き、生活する意欲が低下してしまうこともあります。介護者や介護職が生活を支援するなかでよく話を聴くことで、利用者が気持ちの整理ができたり、ほっとしたりすることもあります。生活する上で困っている部分を支援することがこころのケアになることもあります。

（4）　介護者に必要な心がけ

1．利用者の生き方、暮らし方を理解し尊重する

　家は、誰にとっても生活をするための基本的な場所（空間）です。そこでの一つひとつの生活（家事など）は、利用者が生きてきた積み重ねの結果です。特に高齢者は数十年という人生のなかでそれぞれの**ライフスタイル（生き方）**をもっています。ですから介護者や介護職は、利用者の家事

第1節　介護に必要な基礎知識

などのやり方を尊重することが大切です。

　どんなライフスタイルを大切にしているのか、またどんな趣味や嗜好_{しこう}があるのかを知り、それを尊重しながら支援をしなければなりません。そのため10人の利用者がいたら10通りのやり方があるのです。

　具体的にいえば、「みそ汁の味や掃除の仕方にもその人の人生がある」といった気持ちをもつことです。あらかじめ記入されたプロフィールなどの個人情報の資料だけではその人の表面的な事実しかわかりませんから、介護者は、利用者や家族と話す、あるいは様子を観察することなどにより、「理解しようとする」ことが大切です。

2.　利用者にとっての「生きがい」をともに探す

　高齢者は「保守的だ」といわれることがあります。しかし「高齢者は○○だ」と決めつけては、その人の本当の姿を理解できません。人間は人生のなかでたくさんの価値観を身につけます。その価値観は十人十色であり、それらは個々の生活場面で現れます。

　さらに、人間はその命の終わりまで「よりよくなりたい」と変化し、成長を続けます。これを**生涯発達**といいます。高齢者は若者のように激しい変化を求めないかも知れません。それでも「もっと上手になりたい」「もっと楽しめるようになりたい」といった向上心や希望は若者と同じようにもっています。

　ところが、高齢者や障がい者の場合、心身の「痛み」により「生きがい」を見出しにくくなっていることがあります。介護者は、こうした「痛み」を共有しながら、今できる「生きがい」を利用者と一緒に探そうとすることが大切です。

第1章　介護のための基礎知識

第2節　介護の意味

ここを学ぼう！
- 介護とは利用者の日常生活を理解し支援すること
- 介護専門職として医療的な知識と技術を学ぶ必要性
- ターミナルケアについて考え、つねに学習する
- 介護者の健康管理の心がけを理解する

介護とは

（1）介護の定義

1. 利用者の日常生活を継続できるよう自立支援する

　介護とは、利用者（介護が必要な人）の日常生活を支援するための行動です。また、今ある機能を生かし、自立した生活を営めるようにする行為です。したがって、介護サービスは専門的な知識のある人が、利用者のこころとからだの状況を観察しながら、どのような支援が必要なのかを判断することから始まります。さらに、この判断に合わせて専門的な介護技術による支援が行われます。

（2）医療・看護との関わり

1. 介護専門職にも一定の医療的知識や技術が期待されている

　最近は、重い病気で治療を受けている高齢者を介護することが増えてきたことで、介護専門職にも医療的な業務が期待されるようになってきました。そこで、2012（平成24）年度から一定の研修（厚生労働省による実

第2節　介護の意味

務者研修養成カリキュラムにそった内容のもの）を受けた介護職員や介護福祉士などの介護専門職が、自宅や施設で実施されている一部の医療（看護）行為を条件つきで行えるようになりました。これからの介護専門職には医療的な知識や技術、医療職等との連携がより求められるようになるでしょう。

介護の基本原則（利用者の日常生活を理解するために）

（1）　利用者の状況を観察し、支援の仕方を考える

　心身に障がいがあっても、その人らしい生活習慣をできるだけ尊重しながら自立できるように支援することが介護者（職）の役割です。利用者が自分一人でできないことがあっても、「何を、どのように支援すれば可能になるか」を見極め、自立的な生活ができるように支援します。

（2）　介護をする際の基本原則

　介護では、利用者の状況をよく観察し、どのような支援をすることが必要なのかを考えることが大切です。以下に介護をする際の基本原則を6つあげます。

1．利用者の日常生活を理解する

　利用者には長い間に身につけてきた生活習慣があります。清潔習慣としての歯みがきを例にして考えてみましょう。ある人にとっては食事前にするものであり、別の人にとっては食後に行うといった具合に、個人差があ

第1章　介護のための基礎知識

ります。いずれであっても、自分の身につけた生活習慣として快適で、正しいものであると思っている場合が多いのです。

　利用者が身につけている生活習慣を介護者が勝手に変更・修正することはできません。利用者を大切にできていないばかりか、自尊心を傷つけることにもなるからです。

2．利用者との信頼関係を成立させる

　介護は利用者とよい人間関係を築くところから始まります。利用者のありのままを受け入れ、尊重することで、利用者の心は開かれるでしょう。介護者の価値観や考えを押しつけては、よい関係を生み出すことはできません。

3．利用者の自己決定を尊重する

「自分の行動は自分で選択し決定する存在」として、介護者は利用者を尊重することが大切です。利用者の権利（知る権利、選択する権利、意見を述べる権利、安全を守る権利など）が守られるように、介護者は的確な介護方法を選択し、実践します。利用者が受ける介護を的確に自己決定できるようにするために、利用者や家族へ積極的に情報を提供していく必要があります。

4．利用者の安全を守る

　利用者の日常生活を支援する場面には、さまざまな危険があります。転倒や転落などの事故が起きたり、誤嚥（飲み込んだ食物などが誤って気管へ入ってしまうこと）するなど、どんな介護にも危険はついてまわります。それでも、介護者は利用者に不利益や害を与えるようなことがあってはなりません。いつも安全性を考えて行動する必要があるのです。そのために

は、正しい知識と正確な技術を身につける努力をしましょう。

5．利用者の生活の自立拡大のために

　日常生活のなかで利用者の支援をする場合、利用者の要求どおりに手助けすることが、正しい介護であるとはいえません。このような支援は結果として利用者の自主性や意欲、あるいはもっている力をも奪うことにつながるからです。生活の自立に向けて利用者の障がいの程度を見極め、必要な支援方法を判断して行動することが介護者に求められています。利用者の能力を引き出すさまざまな工夫をこらし必要な機器を活用すれば、効果的な支援になっていきます。

6．福祉・医療に関する専門職との連携

　介護者は利用者の身近なところで支援しているので、他職の誰よりも利用者と関わる時間も機会も多く、生活情報を入手しやすい立場にいます。利用者のかかえる問題を解決するために、医師やケアマネジャー、看護師、理学療法士（PT）、作業療法士（OT）などと十分な連携をとることが必要です。

第1章　介護のための基礎知識

人生の最期に関わる

（1）　ターミナル期の考え方

　人間にとって「死」は避けて通ることのできない重大な出来事です。利用者が死に直面した場合、介護者はその人らしい最期を迎えられるようにするために、「いかに看取るか」が大切になります。

　ターミナル期とは、どのような治療を行っても治癒（病気やケガが治ること）の見込みがなく、死が避けられない状態で、余命が６カ月以内といわれています。ターミナル期にある人への支援は、**ターミナルケア**（「エンド・オブ・ライフ・ケア」ともいう）といいます。

　利用者に対してはその心身の苦痛を和らげ、人生の総決算ができるように介護します。また、家族は日々変化する利用者の状態に緊張し、介護の負担も増します。愛する人を失う悲しみに共感し、家族が関わる時間をもつことができ、「十分に尽くせた」と思える介護ができるように配慮するとともに、介護負担を軽減させるよう支援します。

　さらに、ターミナル期を迎える場が自宅であれば、利用者と家族の看取りに対する考え方を知り、家族の揺れ動く気持ちを受容し、家族の悔いが少しでも軽くなるように支援することが大切です。また、施設であれば、他の入院（所）者への配慮も併せて必要となります。

ターミナルケアの実際

●苦痛への対応

　ターミナル期を迎えた人は、さまざまな苦痛をかかえています。身体的には疼痛（ずきずきするような痛みなど）や排泄障がい（排

尿・排便の障がい)、食欲不振あるいは褥瘡(床ずれ)などが見られる場合が多く、きめ細かな支援が必要になります。痛みを少しでも軽減するためのマッサージや、楽な体位にするためにクッションや枕を活用することも有効です。また、口腔(口のなか)の清潔や皮膚の清拭(蒸しタオルなどで身体を拭くこと)などを行い、合併症が起きないように工夫しましょう。排尿・排便が失禁状態であれば、いっそう皮膚の清潔を心がけます。衣服や寝具の清潔も大事です。

精神的には、自らの死を受け入れたように見えても、拒否する気持ちに戻ることもあり、家族あるいはほかの人々への複雑な思いを抱いて揺れ動いています。介護者はこのようなターミナル期にある人に対して何らかのケアをしながら(例えばマッサージなど)コミュニケーションをとり、精神的な平穏を図るように工夫していく必要があります。

ターミナル期には疼痛をはじめ、呼吸困難や嚥下困難などのさまざまな苦痛をできるだけ和らげて安楽な状態を保つために、医療との連携が必要となります。

●介護者自身がストレス状態になることを理解する

介護する場合には、ときとしてストレス状態になり、心身のバランスを保ちにくくなることもあります。介護者は日ごろから死に関する学習をし、看取りについての心構えをもち、また、周りの人に相談するなど、一人で抱えこまないようにすることが大切です。

第1章　介護のための基礎知識

介護者の健康管理 4

（1）　腰痛の予防

1．日ごろから正しい姿勢をとる

　力任せの介護は腰痛（ようつう）の原因となるので、正しい介護技術を修得することが大切です。

　腰痛を予防するために、日ごろから正しい姿勢をとるように心がけましょう。介護時の姿勢に十分に注意し、中腰の姿勢をとらないこと（特に介護用のベッドは高さの低いものが増えているため、作業時にはベッドの高さを必要に応じて調節する）など、さまざまな工夫が必要です（**図表1－7、1－8**）。また、**骨粗鬆症**（こつそしょうしょう）（P.101参照）を起こしやすい年代の介護者も多いので、カルシウムを多く含んだ食品の摂取（せっしゅ）を心がけましょう。腰痛を起こした場合は、早めに医療機関を受診しましょう。また、腰痛は慢性化しやすいので、定期的な検査や診察を受けることが大切です。

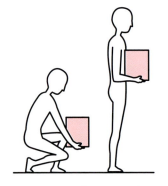

図表1－7　腰痛防止のコツ

腰を落としてから物をもち上げると腰への負担が軽減されます。

図表1－8　腰痛予防体操

仰向けになり、両手でひざをかかえながら、頭をもち上げておへそをのぞき込むようにします。腰痛予防のためにもこまめに体操をしましょう。

（2） 日常の健康管理

1．バランスのよい生活を送る

　介護者として健康であることは、利用者によりよい介護サービスを提供するために欠かせないことです。介護者は日常の健康管理に十分な配慮が求められます。

　健康を維持していくためには、**食事**、**睡眠**、**運動**、**休息**などをバランスよくとることです。

> **健康管理の心がけ**
> - 食事：1日3食、栄養のバランスのとれた食事と適度な量を心がける
> - 睡眠：1日7時間程度（個人差がある）、十分な睡眠をとる
> - 運動：ストレッチ体操など、適度な運動をできるだけ毎日実行する
> - 休息：自分がもっともリラックスできるような方法で休息をとる

（3） 感染予防

1．日ごろから感染予防を心がける

　毎年冬になると高齢者のインフルエンザの集団感染による死亡が伝えられるように、小児や高齢者など、成人と比べて体力や抵抗力が弱い人にとって風邪などの感染症は、命に関わるほど危険です。次に感染予防のために大切なことをあげましたので、心がけるようにしましょう。

図表1−9　手の洗い方

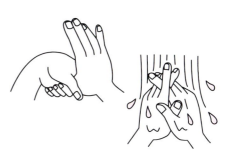

石けんを泡だてて指や爪の間までしっかりと洗います。流水できちんと洗い流しましょう。

第1章　介護のための基礎知識

感染予防の心がけ

●手洗いはこまめにする。ケアするごとに手洗いする（１ケアごとに
　１手洗い）（P.21 **図表１－９**）

●帰宅時にはうがいをする

●清潔なエプロンを使用する

●排泄物、血液などの体液に触れるような介護をする際は、使い捨て
　手袋を着用する

第3節　ボランティア

ここを学ぼう！
- ボランティアは自分の意志で地域や他者を支える社会的活動である
- 介護ボランティアの基本的な活動内容を理解する
- ボランティア参加の際の心得を理解する

ボランティアの意義

（1）地域や他者を支える社会的活動

　ボランティア活動とは、市民（住民）一人ひとりの自発的な意志によって、地域社会を住みよくする活動や他者を支える活動といった**社会的活動**などに携わることです。

　災害時には多くのボランティアが活動しており、国民的な関心事項となっています。このような傾向は、特に1995（平成7）年1月に起きた阪神・淡路大震災で全国からかけつけたボランティアの人たちが大きく貢献したことが契機となりました。今では若者から高齢者まで自分でできることで何かの支援をするということが一般的になっています。

　ボランティア活動は個人が主体となりますが、実際の活動は**NPO法人**（**特定非営利活動法人**）などの団体が推進していることが多く、介護や福祉の分野では各地の社会福祉協議会（営利を目的としない民間の社会福祉活動組織）もボランティア活動の受け皿となっています。

第1章　介護のための基礎知識

ボランティアのあり方 2

（1）　ボランティア活動の場

1. 多岐にわたる活動内容

　病院や介護施設でも多くのボランティアが活躍しています。その活動内容は、外来患者や来客の案内、音楽会などの開催、文化教室の講師、広報誌の作成、清掃活動、院内図書室の運営など多岐にわたります。また患者や高齢者の心情に寄り添って話を聴く**傾聴ボランティア**や看護、介護の業務の補助といった、看護や介護に直接関わるものもあります。この場合、ボランティア活動に参加するための研修などを用意している受け入れ施設もあります。

　ボランティア活動は病院や介護施設が主催して募集しているところや、ボランティア団体による自主運営、患者家族の会による活動などさまざまです。

2. ボランティア活動や参加について

　病院や介護施設にとってボランティア活動は大きな意味をもっています。

　まず、第三者の目が入ることでサービスの質の向上につながります。患者や高齢者にとって、ボランティアは外部の社会そのものです。病院や介護施設という閉ざされがちな環境にいるため、ボランティアがもち込む社会の刺激は治療や生活意欲に大きく影響します。

第3節　ボランティア

（2）　介護ボランティアの実際

1. 介護ボランティア活動

　ボランティアで介護に関わる機会のほとんどが介護施設になります。車いすでの移動介助、食事介助、ベッドメイク、傾聴（相手の話をよく聴いて理解し、感情を受け止め共感を示す）などをボランティアが行っているところがあります。小規模多機能型居宅介護、グループホーム（認知症対応型共同生活介護）など地域にある小型の施設でもボランティア活動は行われています。

　自宅で暮らす高齢者へのボランティアでは見守り活動があります。弁当の宅配などの機会に安否確認をしたり、話し相手になるなどといった活動内容です。また、簡単な修繕や片づけなど日常生活の支援をボランティアが行っている場合もあります。自宅というプライベートな環境では、高齢者の身体に直接触れるような内容はほとんどないといっていいでしょう。

2. 高齢者による介護ボランティア

　下記のような制度はまだ少ないですが、厚生労働省が認可している「介護支援ボランティア制度」があります。これは地方自治体が介護支援のボランティア活動を行った高齢者（原則65歳以上）に対し、実績に応じて換金可能なポイントを与える制度です。

横浜市の介護支援ボランティア制度

　受け入れ施設（特別養護老人ホーム、介護老人保健施設、グループホーム、小規模多機能型居宅介護、有料老人ホーム等）や自治会・町内会館、地区センター等で行う高齢者を対象とした配食・会食サービスでのボランティア活動が対象です。仕事内容は、レクリエーション

25

第1章　介護のための基礎知識

の指導、入所者の話し相手、行事の手伝い、施設職員が行う食事介助の補助、清掃、高齢者を対象とする配食・会食サービス（調理・配達）などとなっています。実績に応じてポイントを得ることができ、それらのポイントは換金することができます。

健康な高齢者によるボランティアでは、シルバー人材センターの斡旋する高齢者宅での活動があります。**家事サービス**（掃除、洗濯、留守番など）、**福祉サービス**（身のまわりの世話、話し相手、介助など）があります。高齢者の「自主・自立、共働・共助」が活動理念で、地域社会に密着した活動を行っています。

（3）　ボランティアに参加する際

ボランティア活動に参加する際の心得として、東京都稲城市の「介護支援ボランティア手帳」の一部を紹介します。

ボランティア活動の心得

●身近なことから無理のない範囲で

　まずは身近な地域で、自分の健康を考えて無理のない範囲で行うことが望ましいです。活動を継続するためにも自分に向いている活動を選びましょう。

●相手を理解し、尊重した活動を

　一方的で勝手な行動は慎まなければなりません。一人ひとりの生活習慣や価値観を尊重し、ボランティア活動を行うことが求められます。また、ボランティア活動の仲間と共にコミュニケーションをとることでよりよい活動につながります。

第3節　ボランティア

●秘密や約束を守りましょう

　ボランティア活動では、時に依頼者のプライバシーに関わる場面もあります。ほかの方にちょっとした内容のことでも漏らしてはいけません。ボランティア活動を辞めた後も同様です。また、時間など約束したことは必ず守ります。体調不良や急用で活動を休む場合には、必ず連絡を入れるなどの対応をします。

出典：『介護支援ボランティア手帳2012』社会福祉法人 稲城市社会福祉協議会より抜粋要約

第1章　介護のための基礎知識

第4節　レクリエーション

ここを学ぼう！
・レクリエーションとは何かを理解する
・利用者が主体的に参加するようなメニューづくりを心がける

1 レクリエーション

（1）レクリエーションとは

　レクリエーションの意味は「人間性の回復・再創造」と広く考えることができます。心地よく、楽しい生活を追求する活動、例えば食事を楽しくするために好きな食器を使う、スポーツや手芸など趣味の活動を取り込んでいくこともレクリエーションです。毎日の散歩には下肢筋力の向上という目的もありますが、やり方によっては楽しいものにできるはずです。

　また、1人で静かに本を読むこともレクリエーションです。ただ、集団の力を利用できるグループでの活動はレクリエーションの方法としては重要なものです。グループとしての成長もありますが、一人ひとりのメンバーも変化し、成長します。

　レクリエーションを行う際、利用者の状況、希望、心身の状態などから、どのようなレクリエーションが利用者に合っているのか、情報を得て検討してからの実施や参加ということになります。外出できない利用者でしたら、身体状況に合わせた自宅でできるレクリエーション（ベッドサイドで音楽を聴いてもらったり、介護者が本や新聞を朗読するなど）を考え、本人の意思を確認しながら実施することもできます。

第2章

介護保険などの制度とサービス

第2章　介護保険などの制度とサービス

第1節　介護保険制度の理念

・介護保険制度が創設された背景を理解する
・介護保険制度の理念を理解する
・介護保険制度の特徴を把握する

1　介護保険制度はどうしてできたのか

（1）　制度創設の背景

1．少子高齢社会により介護保険制度が創設

　かつての日本は、高齢者の介護を家族が担ってきました。しかし、年々総人口に占める65歳以上の高齢者の割合が増えてきたと同時に産まれる子どもの数も減り、日本は少子高齢社会となっています。さらに、核家族化の進展や女性の社会進出の影響もあり、家族だけでは介護を担うことができなくなってきました。介護者の高齢化、さらには介護する家族の多くが女性であることなどに対して、社会的な支援が必要となったのです。また、入院の必要性の低い患者が自宅で介護できないことなどを理由に長期間入院する社会的入院も問題になっていました。こうした問題を解消するために**介護保険制度**が創設されました。

（2）　介護保険法成立までの大まかな流れ

　介護保険制度ができる前までは、介護が必要な高齢者に対しては、保健・医療と福祉は制度の原則が異なるものでした。そのため、利用者にとって

第1節　介護保険制度の理念

も手続きの複雑さなどの問題がありました。

　1994（平成6）年ごろから「新たな高齢者介護システム」について、国による検討が始まりました。そして同年12月には高齢者介護システムについての報告書が公表され、今後のサービスシステムの基本理念として「高齢者の自立支援のための介護」を位置づけました。

　おもな内容として、利用者が主体で選べるサービス、保健・医療と福祉を介護として1つにまとめるサービスの一本化、多様なサービス主体の参入促進やケアマネジメントの確立、給付と負担の関係がわかりやすい社会連帯に基づいた社会保険方式の導入などをあげています。

制度の理念

　人は誰もが自分らしく生きていきたいと考えているものです。本人の意思や主体性を尊重した支援をすることが介護の理念です。その介護の理念に基づき、介護保険法が設けられました。

　1997（平成9）年、**介護保険法**が成立し2000（平成12）年から、介護保険制度が始まりました。特徴としては「自立した日常生活の促進」を掲げているところです。

介護保険法第1条

　この法律は、加齢に伴って生ずる心身の変化に起因する疾病等により要介護状態となり、入浴、排せつ、食事等の介護、機能訓練並びに看護及び療養上の管理その他の医療を要する者等について、これらの者が**尊厳**を保持し、その有する能力に応じ自立した日常生活を営むことができるよう、必要な保健医療サービス及び福祉サービスに係る給

第2章　介護保険などの制度とサービス

付を行うため、国民の共同連帯の理念に基づき介護保険制度を設け、その行う保険給付等に関して必要な事項を定め、もって国民の保健医療の向上及び福祉の増進を図ることを目的とする。

制度の特徴

（1）　介護保険制度の大まかな内容

1．保険料と税金から費用が支払われている

　介護保険の財政は、サービス利用時の自己負担を除いて、**公的資金（税金）**と**保険料**収入が50％ずつでまかなわれています。

2．保険料を支払う

　保険料は65歳以上のすべての国民、および40歳以上65歳未満の医療保険加入者が支払います。

3．サービスの利用者が限定されている

　サービスを利用できるのは原則として65歳以上です（40～64歳の人は一定の条件で利用することができます）。

4．要介護度に応じて支給限度額が決まっている

　サービス利用のためには**要支援（1、2）・要介護（1～5）**認定を受けることにより、介護が必要な度合いが決められ、それに応じて利用できる金額の上限があります。

第1節　介護保険制度の理念

5．利用するサービスや、サービスを提供する事業者を選べる

利用者の希望でサービスを利用できます。

6．専門的な支援がある

どのような介護が必要なのかを専門家とともに考える**ケアプランに基づいてサービスが計画**されます。

7．サービスの利用料金を支払う

利用するサービスに応じて料金を支払います（**自己負担は1割または2割または3割**）。各サービスの料金は価格が決まっています（**公定価格**）。

33

第2章　介護保険などの制度とサービス

> ## 第2節　介護保険制度のしくみとサービスの理解
>
>
> ・要介護認定の受け方を理解する
> ・介護保険給付について理解する
> ・介護保険サービスの種類や内容について理解する

1 介護保険制度のしくみ

（1）保険者と被保険者

　介護保険を運営している団体のことを**保険者**といいます。保険者は市町村および特別区（東京都の23区）です。また、複数の市町村が集まって、広域連合として保険者になっているところもあります。

　保険料を支払い、サービスを利用できる人を**被保険者**といいます。65歳以上の人（**第1号被保険者**）と、40歳以上65歳未満の医療保険加入者（**第2号被保険者**）です。

（2）費用の負担と保険料

　サービスの利用者が支払う費用は、原則として**介護サービス費用全体の1割または2割または3割**となっています。ただし、所得の低い人については費用を免除する制度があります。また、自己負担額が一定の基準を超えると高額介護サービス費が支給されます。

　第1号被保険者は、所得段階に応じた定額の保険料を支払います。第2号被保険者の保険料は加入している医療保険制度の算定基準に基づいて設

定されています。なお、保険料は保険者（市町村など）によって金額が異なります。

　第1号被保険者の保険料は、原則として年金からの特別徴収（天引き）とし、特別徴収に該当しない被保険者に対しては、市町村が普通徴収（個別徴収）を行います。第2号被保険者の保険料は、医療保険の一部として徴収されます。

（3）　要支援・要介護認定

1．要介護認定の方法

①認定を申請する（P.39参照）

　本人または家族が市町村に申請を行います。この申請は成年後見人や民生委員、地域包括支援センターなどの人や機関が代行して行う場合もあります。また、市町村の介護認定審査会は申請者の調査（訪問）、かかりつけ医の意見書によってどれだけの介護が必要なのか（要介護度）を判定します。

②要支援・要介護度

　認定は8段階に分けて認定されます。

自立（非該当）	要支援1〜2	要介護1〜5
サービスの必要がない	予防的に援助が必要	介護の援助が必要

③40〜64歳の要介護認定

　第2号被保険者（40〜64歳）については、加齢にともなう特定疾病（国によって定められた16の疾病）によって要支援・要介護状態になったときにのみ、要介護者または要支援者として認定されます。ただ、実際に認

第2章　介護保険などの制度とサービス

定を受けている第2号被保険者は、要支援者と要介護者の合計数のうち約2%（約14万人、2014〈平成26〉年現在）しかいません。

16の特定疾病

①末期がん、②関節リウマチ、③筋萎縮性側索硬化症、④後縦靱帯骨化症、⑤骨折を伴う骨粗鬆症、⑥初老期における認知症、⑦進行性核上性麻痺、大脳皮質基底核変性症およびパーキンソン病関連疾患、⑧脊髄小脳変性症、⑨脊柱管狭窄症、⑩早老症、⑪多系統萎縮症、⑫糖尿病性神経障害・糖尿病性腎症・糖尿病性網膜症、⑬脳血管疾患、⑭閉塞性動脈硬化症、⑮慢性閉塞性肺疾患、⑯両側の膝関節または股関節に著しい変形を伴う変形性関節症

（4）　保険給付

　サービスや金銭が提供されることを行政用語で**給付**といいます。介護保険によって介護サービスが提供されることを**介護保険給付**[1]といいます。

※1　介護保険法で定める保険給付のこと。現金給付（経済的不足を補うための金銭の給付や減免・控除）と現物給付（居宅サービス、施設サービス、地域密着型サービスなどの利用）がある

介護保険給付

●要介護者への介護給付

　要介護者と認定されると、居宅（介護）サービス、施設（介護）サービス、地域密着型サービスの給付が受けられます。

●要支援者への予防給付

　要支援者と認定されると、介護を予防するための介護予防サービス、地域密着型介護予防サービスの給付が受けられます。ただし施設サー

第2節　介護保険制度のしくみとサービスの理解

ビスは受けられません。

●市町村の特別給付

　市町村は条例を制定して、要支援者・要介護者に対して寝具乾燥サービスなど独自のサービスを行っています。実施内容は市町村によって異なります。

●地域支援事業

　要介護に該当しない人（非該当）や要支援者などが対象。市町村で地域包括支援センターが「要介護や要支援状態になることの防止とともに、要介護状態等となった場合でもできる限り地域で自立した日常生活を営むことができるよう支援することなど」を目的に行う事業です。

（5）　不服の申し立て

1. 介護保険審査会への審査請求が可能

　要支援・要介護認定（**図表2−1**）の結果や保険料の徴収などに関する不服があるときは、都道府県に設置される介護保険審査会に審査請求をすることができます。なお、審査請求は処分があった日（例えば、要支援・要介護認定の通知を受け取った日、そのことがわかった日）の翌日から60日以内に行う必要があります。

地域包括支援センター

　介護保険制度での予防給付、地域支援事業などを実施するための窓口機関です。中学校区ごとなどに設置されています。社会福祉士、保健師、主任介護支援専門員（主任ケアマネジャー）の3職種がいて、高齢者の生活支援や介護についてのあらゆる相談に応じています。

第2章　介護保険などの制度とサービス

図表2－1　要介護度の目安

状態区分	身体の状態例	利用できるサービスの例	月利用限度額
自立（非該当）	介護が必要とは認められない。歩行や起き上がりなどの日常生活上の基本的動作を自分で行うことが可能であり、かつ、薬の内服、電話の利用などの手段的日常生活動作を行う能力もある状態	介護保険適用のサービスは不可。自治体が実施する地域支援事業の介護予防教室などに参加	－
要支援1	食事や排泄など日常生活上の基本的動作については、ほぼ自分で行うことが可能だが、身のまわりの世話の一部で介助が必要	目標を設定して取り組む介護予防サービス。施設サービスは不可	5万30円
要支援2	基本的な日常動作は自分で行えるが部分的な介護が必要な状態。とくに複雑な動作で支援が必要		10万4,730円
要介護1	立ち上がりや歩行が不安定。排泄や入浴などに部分的介助が必要。問題行動や理解力低下の場合もある	訪問介護、訪問看護、デイサービス、デイケアなど	16万6,920円
要介護2	立ち上がりや歩行などが自力では困難。排泄や入浴などの一部、もしくは全介助が必要。問題行動や理解力低下の場合もある	週3回の訪問介護、デイサービス、デイケアなど	19万6,160円
要介護3	立ち上がりや歩行などが自力ではできない。排泄、入浴、衣類の着脱など全面的な介助が必要。いくつかの問題行動や理解力低下の場合がある	訪問介護や夜間の巡回訪問介護（看護）、デイサービス、デイケア（週2回程度のサービス利用）	26万9,310円
要介護4	日常生活能力の低下がみられる。排泄、入浴、衣類の着脱など全般的な介助が必要。多くの問題行動や理解力低下の場合がある	訪問介護や夜間の巡回訪問介護（看護）、デイサービス、デイケア（週2～3回程度のサービス利用）	30万8,060円
要介護5	日常生活全般について全面的な介助が必要。意思の伝達も困難。多くの問題行動や理解力低下の場合がある	訪問介護や夜間の巡回訪問介護（看護）、デイサービスやショートステイサービスの利用	35万650円

※厚生労働省資料などに基づき作成。自己負担額は利用料金の1割または2割または3割（1単位＝10円。地域により異なる）

第2節　介護保険制度のしくみとサービスの理解

図表2-2　介護保険でサービスを利用するまでの手順

要介護認定を受ける

●**申請する**
介護が必要になったら要介護認定の申請をします
公的窓口：福祉・介護の担当課、地域包括支援センター（代行）
民間窓口：指定居宅介護支援事業者（代行）、介護保険施設（代行）

●**認定調査**
自宅に調査員が訪問して心身の状態や生活の状況など全国共通の調査票により調査します。また役所は主治医に意見書の記入を依頼します

●**判定**
①一次判定　認定調査の結果に基づき、全国共通の基準で判定を行います
②二次判定　介護や医療などの専門家による介護認定審査会が一次判定の結果や認定調査書の特記事項、主治医の意見書に基づき判定を行います

●**認定結果の通知**
要介護認定の結果が通知されます。認定結果に不服があるときは都道府県の介護保険審査会に申し立てできます

・要介護1～5	・要支援1、2	・非該当
介護給付でサービスが利用できます ➡Aへ	予防給付でサービスが利用できます ➡Bへ	介護保険は利用できません ➡**自治体が行う介護予防事業などを申し込む**

A　介護サービスを利用する場合

●**介護サービス計画（ケアプラン）作成の依頼**
指定居宅介護支援事業者に介護サービス計画（ケアプラン）の作成を依頼します。事業者リストは役所の介護担当課や地域包括支援センターで入手できます。介護施設へ入所する方は施設に直接申し込みます。介護サービス計画の作成費用は全額保険給付となり利用者負担はありません

第2章　介護保険などの制度とサービス

●介護サービス計画の作成
担当のケアマネジャーが決まったら、訪問を受けてどんな介護サービスが必要なのかを話し合います

●介護サービス内容の確認
ケアマネジャーから利用するサービスの具体的な説明を受けます

●サービス提供事業者との契約
介護サービスを行う事業者と個々に契約します。事業者の手配などはケアマネジャーが代行します

●居宅サービスの利用開始
作成した居宅サービス計画に基づきサービスの利用が始まります。サービス内容の問題があったり利用者の状況に変化があるなどの場合は、必要に応じて計画を見直します

B　介護予防サービスを利用する場合

●地域包括支援センターに相談する
介護予防給付の窓口です。どのような介護予防サービスを利用するのかを具体的に検討する介護予防サービス計画（介護予防ケアプラン）の作成を依頼します。作成費用に利用者負担はありません

●介護予防サービス計画の作成
保健師などが心身の状態や生活環境などを調べ、要介護状態にならないための問題や課題を考えます。目標を設定して、サービスの種類や回数を決めます

●サービス提供事業者との契約
作成した介護予防サービス計画に基づき事業者と利用契約を結びます

●介護予防サービスの利用開始
介護予防サービス計画で設定した目標がどのくらい達成できたか一定期間（3～6カ月）ごとに確認。必要に応じて計画を見直します

第2節　介護保険制度のしくみとサービスの理解

介護保険制度のサービス

（1）　介護保険サービスの種類

介護保険のサービスには、以下の給付・事業があります。

①要介護者を対象とした**介護給付**

②要支援者を対象とした**予防給付**

③市町村の特別給付

④要支援・要介護になるおそれのある者や要支援者などを対象とした
地域支援事業

予防給付と介護給付でのサービスは、実際には共通したサービス内容も多くみられます。しかしサービスの目的は異なります。

1. 居宅サービス

在宅で利用する介護サービスを居宅サービスといいます。以下、その内容を説明します。

①訪問介護／介護予防訪問介護[1]

●訪問介護

要介護者の居宅（自宅など）を介護職員が訪問し、入浴、排泄、食事などの身体介護や生活援助などの日常生活の支援を行います。安定的な生活の確保と家族介護者などの介護負担の軽減を図ります。

41

第2章　介護保険などの制度とサービス

● **介護予防訪問介護**

　要支援者の居宅を介護職員や看護師などが訪問し、介護予防のために身体介護と生活援助を合わせた訪問介護サービスを実施します。

②訪問入浴介護／介護予防訪問入浴介護

● **訪問入浴介護**

　要介護者の居宅を介護職員や看護師が訪問し、移動式の浴槽を使って入浴の介護を行います。利用者の身体清潔の保持と心身機能の維持、家族介護者などの介護負担の軽減が目的です。

● **介護予防訪問入浴介護**

　サービスの内容は、介護給付の訪問入浴介護と同様です。ただし、自宅に浴室がない、あるいは感染症などにより施設などの浴室が使えないなどといった、サービスを利用できる条件が限定されます。

③訪問看護／介護予防訪問看護

● **訪問看護**

　医師が必要と認めた場合、看護師などが利用者の居宅を訪問し、療養上の世話や必要な診療の補助を行い、心身機能の維持回復を図ります。

● **介護予防訪問看護**

　介護予防を目的として行います。サービス内容自体は介護給付の訪問看護と同じです。

④訪問リハビリテーション／介護予防訪問リハビリテーション

● **訪問リハビリテーション**

　医師の指示のもとで理学療法士（PT）、作業療法士（OT）、言語聴覚士（ST）などが居宅を訪問し、医学的リハビリテーションを行い、心身機能

の維持回復を図ります。

●介護予防訪問リハビリテーション

　介護予防を目的として行います。サービス内容は介護給付の訪問リハビリテーションと同じです。

⑤居宅療養管理指導／介護予防居宅療養管理指導

●居宅療養管理指導

　医師や歯科医師、薬剤師などが、疾患をかかえていて通院が困難な利用者の居宅を訪問して、療養上の管理および指導を行います。また、このサービスは月の利用限度額の枠外で利用できます。

> ※このサービスは、情報提供や療養上の管理指導を範囲とするので、病気になったときの治療などは、医療保険からの給付になる

●介護予防居宅療養管理指導

　介護予防を目的として療養上の管理および指導を行います。サービス内容は介護給付の居宅療養管理指導と同じです。

⑥通所介護／介護予防通所介護[2]

●通所介護（デイサービス）

　施設またはデイサービスセンターに通って入浴、排泄、食事などの介護や機能訓練を行い、利用者の心身機能の維持回復や社会的孤立感の解消、家族介護者などの介護負担を軽くします。入浴、送迎サービス付きが一般的です。

●介護予防通所介護

　介護予防サービスの中心をなすものの１つです。利用者の選択に応じて

※１「介護予防訪問介護」、※２「介護予防通所介護」は市町村事業の「介護予防・日常生活支援総合事業」に移行された

第2章　介護保険などの制度とサービス

運動器の機能向上、栄養改善、口腔機能向上などにも取り組みます。

⑦通所リハビリテーション／介護予防通所リハビリテーション

● 通所リハビリテーション（デイケア）

　介護老人保健施設やデイケアサービスセンターなどにおいて、医師の指示のもとで理学療法士（PT）、作業療法士（OT）、言語聴覚士（ST）などが医学的リハビリテーションを行い、利用者の心身機能の維持回復や日常生活の自立促進を図ります。

● 介護予防通所リハビリテーション

　介護予防サービスの中心をなすものの1つです。運動器の機能向上、栄養改善、口腔機能向上などのサービスも用意されています。

⑧短期入所生活介護／介護予防短期入所生活介護

● 短期入所生活介護（ショートステイ）

　家庭の事情などにより一時的に居宅における介護がむずかしくなった場合、施設などに短期間入所し、入浴、排泄、食事などの介護や機能訓練を行い、利用者の心身機能の維持回復や家族介護者の介護負担を軽くします。おもに特別養護老人ホーム等で提供されます。

● 介護予防短期入所生活介護

　介護予防を目的として、施設などに短期に入所するものです。サービス内容は介護給付の短期入所生活介護と同じです。

⑨短期入所療養介護／介護予防短期入所療養介護

● 短期入所療養介護（ショートステイ）

　持病をかかえている人が家庭の事情などで一時的に居宅で介護がむずかしくなった場合、施設などに短期間入所し、看護や医学的管理のもとに介

護、機能訓練、必要な医療、日常生活の世話を行います。おもに介護老人保健施設等で提供されます。

● 介護予防短期入所療養介護

介護予防の観点から、医療系の施設に短期に入所するものです。サービス内容自体は介護給付の短期入所療養介護と同じです。

⑩特定施設入居者生活介護／介護予防特定施設入居者生活介護

● 特定施設入居者生活介護

有料老人ホームや養護老人ホーム、軽費老人ホーム（ケアハウス）、サービス付き高齢者向け住宅などの特定施設に入居している要介護者を対象に、入浴、排泄、食事などの介護や機能訓練を行い、本人の自立の促進を図ります。

● 介護予防特定施設入居者生活介護

特定施設に入居している要支援者を対象に、介護予防を目的として行います。サービス内容については介護給付の特定施設入居者生活介護と同じです。

⑪福祉用具貸与／介護予防福祉用具貸与

● 福祉用具貸与

福祉用具を貸し出すことを通じて、日常生活の便宜や機能訓練の促進を図ります（**図表2－3**）。

図表2－3 福祉用具のレンタル品目

対象品目	内容
車いす	自走用標準型車いす、普通型電動車いす、または介助用標準型車いす
車いす付属品	クッション、電動補助装置等であって、車いすと一体的に使用されるもの

第2章　介護保険などの制度とサービス

特殊寝台	サイドレールが取り付けてあるもの、または取り付けることが可能なものであって、次に掲げる機能のいずれか有するもの （1）背部または脚部の傾斜角度が調整できる機能 （2）床板の高さが無段階に調整できる機能
特殊寝台付属品	マットレス、サイドレール等であって、特殊寝台と一体的に使用されるもの
床ずれ防止用具	次のいずれかに該当するものに限る （1）送風装置または空気圧調整機能を備えた空気マット （2）水等によって減圧による体圧分散効果のある全身用のマット
体位変換器	空気パッド等を身体の下に挿入することにより、居宅要介護者等の体位を容易に変換できる機能を有するもの。体位の保持のみを目的とするものを除く
手すり	取り付けに際し工事を伴わないもの
スロープ	段差解消のためのものであって、取り付けに際し工事を伴わないもの
歩行器	歩行が困難な者の歩行訓練を補う機能を有し、移動時に体重を支える構造を有するものであって、次のいずれかに該当するもの （1）車輪を有するものにあっては、身体の前および左右を囲む把手等を有するもの （2）四脚を有するものにあっては、上肢で保持して移動させることが可能なもの
歩行補助つえ	松葉づえ、カナディアン・クラッチ[1]、ロフストランド型クラッチ[2]および多点つえ
認知症高齢者徘徊感知機器	認知症高齢者が屋外へ出ようとしたときなど、センサーにより感知し、家族、隣人等へ通報するもの
移動用リフト（つり具の部分を除く）	床走行式、固定式または据置式であり、かつ、身体をつり上げまたは体重を支える構造を有するものであって、その構造により自力での移動が困難な者の移動を補助する機能を有するもの（取り付けに住宅の改修を伴うものを除く）
自動排泄処理装置	尿または便が自動的に吸引されるものであり、尿や便の経路となる部分を分割することが可能な構造のもの

要支援1・2、要介護1と認定された人は、この13品目のうち「手すり」「スロープ」「歩行器」「歩行補助つえ」以外は原則として対象となりません

※1　肘当てのあるつえのこと。肘の上（二の腕）にカフ（握り棒の上についている輪のようなもの）がついていて手の位置にある握りで身体を支える。腕で支える力が弱くても使うことができる

※2　肘の下（前腕部）にカフがついていて、手の位置にある握りで身体を支える

● 介護予防福祉用具貸与

介護予防を目的とした福祉用具（手すり〈取り付け工事を伴わないもの〉、スロープ〈取り付け工事を伴わないもの〉、歩行器、歩行補助つえなど）が

貸与できます。

⑫特定福祉用具販売／特定介護予防福祉用具販売

●特定福祉用具販売

　腰かけ便座や特殊尿器など排泄や入浴に利用する用具は貸与にはなじまないものです。以下の5種類の福祉用具については、利用者が都道府県の指定を受けた事業者から購入し申請を行うと、購入代金（上限年間10万円）の7割または8割または9割が居宅介護福祉用具購入費として支給されます。

> **特定福祉用具**
>
> 腰かけ便座、自動排泄処理装置の交換可能部分、入浴補助用具、簡易浴槽、移動用リフトのつり具の部分

●特定介護予防福祉用具販売

　介護予防の場合、対象となる福祉用具が限定されることが多くなります。都道府県から指定を受けた事業者から購入することになります。サービス内容自体は介護給付の特定福祉用具販売と同じです。

2．その他の居宅サービス

　介護給付では居宅介護支援（ケアプランの作成など）、居宅介護住宅改修費（バリアフリーリフォームなど）があります。また、予防給付では、介護予防支援、介護予防住宅改修費があります。なお、居宅介護支援ケアマネジメントと介護予防支援（介護予防ケアマネジメント）の利用における利用者負担はなく、居宅介護住宅改修費と介護予防住宅改修費には要介護度ごとの区分支給限度基準額が設定されていません。

第2章　介護保険などの制度とサービス

①居宅介護支援／介護予防支援

● 居宅介護支援

　要介護者が居宅サービスなどを適切に利用することができるように、利用者の依頼を受けて、心身状況や生活環境等を考慮して居宅サービス計画（ケアプラン）の作成などを行うケアマネジメントの提供を目的としています。おもに居宅介護支援事業所の介護支援専門員（ケアマネジャー）が行います。ケアマネジャーは、各種の専門職と連携をとり、総合的なケアサービスを提供するケアマネジメントの中心者です。

● 介護予防支援

　要支援者を対象に、介護予防、機能の維持・改善を目的として実施するケアマネジメントです。介護予防支援は、おもに地域包括支援センターが行います。

②居宅介護住宅改修費・介護予防住宅改修費

● 居宅介護住宅改修費

　要介護者が居宅で安心、安全に暮らすために小規模な住宅改修（必要な手すりの設置、段差の解消など）を行ったときは、居宅介護住宅改修費が支給されます。支給の限度額は20万円を上限とし、利用者は改修費の1割または2割または3割を自己負担します。なお、20万円を超える住宅改修をした場合は、その超えた分は全額、自己負担となります。

● 介護予防住宅改修費

　要支援者を対象に、介護予防を目的とした住宅改修のための費用が給付されます。具体的な内容については介護給付の居宅介護住宅改修費と同じです。

3. 施設サービス

介護保険施設は以下の４つです。利用できるのは要介護者だけです。

①指定介護老人福祉施設（特別養護老人ホーム）

特別養護老人ホームで、日常の介護や相談、生活支援などのサービスが受けられます。なお、国は特別養護老人ホームの個室化とユニットケア（小規模の単位で行うケア）をすすめています。

②介護老人保健施設

病状が安定期にある要介護者が介護老人保健施設に入所して、介護や機能回復訓練、日常生活の支援を受けることができます。在宅へ戻るための準備が入所の目的です。

③介護医療院（2018〈平成30〉年度より施行）

おもに長期にわたり療養が必要な要介護者に対して、療養上の管理や看護、医学的管理の下での介護、機能訓練、その他の必要な医療、日常生活上の世話を行う施設です。介護保険法の規定は、処置室を設けなければならない点を除いては、介護老人保健施設と基本的に同じです。

④指定介護療養型医療施設

療養病床などをもつ病院等が介護保険適用部分（介護保険適用と認められたベッド）に入院する要介護者に対して、療養上の管理や介護などの必要な援助を行う施設です。指定介護療養型医療施設は2024年3月末の廃止が決定されています。

4. 地域密着型サービス

地域密着型サービスは、要介護者（および要支援者）が住み慣れた地域

第2章　介護保険などの制度とサービス

や自宅で暮らせるように地域の実情に応じたサービスとして提供するもので、その市町村の住民だけが利用できるサービスです。これは、全国一律のサービスではなく、保険者である市町村などによって利用料が異なることもあります。

①夜間対応型訪問介護

夜間の利用者（要介護者）に緊急かつ積極的に対応するためのサービスであり、夜間定期巡回の訪問介護サービス、随時の訪問介護サービス、利用者の通報に応じた介護職員の緊急派遣や救急車の手配、相談といった調整・対応するサービスなどを行います。

②認知症対応型通所介護／介護予防認知症対応型通所介護

●認知症対応型通所介護（認知症デイサービス）

地元の小規模な事業所で実施する、少人数の認知症の人を対象としたデイサービスです。入浴、排泄、食事などの介護や機能訓練を行います。

●介護予防認知症対応型通所介護

比較的軽度の認知症の状態にある人を対象に、その状態の維持・改善を目的として、デイサービスを行います。

③小規模多機能型居宅介護／介護予防小規模多機能型居宅介護

●小規模多機能型居宅介護

小規模の施設において、日中通うデイサービスを中心に、利用者の希望に応じて随時、「訪問」や「泊まり」などのサービスを組み合わせて提供します。なじみの職員がサービスを提供することも特徴です。

●介護予防小規模多機能型居宅介護

サービス内容自体は介護給付の小規模多機能型居宅介護と同じです。

④認知症対応型共同生活介護／介護予防認知症対応型共同生活介護

●認知症対応型共同生活介護（認知症高齢者グループホーム）

認知症高齢者が、少人数での共同生活（グループホーム）による家庭的な雰囲気を保った環境のなかで、生活上の指導・援助を通じて、認知症の症状の維持・軽減などを図ります。

●介護予防認知症対応型共同生活介護

サービス内容自体は介護給付の認知症対応型共同生活介護と同じです。

⑤地域密着型特定施設入居者生活介護

比較的小規模で地域に開かれた特定施設（介護専用型施設で定員が29人以下のもの）において、同施設のスタッフがサービスを提供します。

⑥地域密着型介護老人福祉施設入所者生活介護

比較的小規模で地域に開かれた介護老人福祉施設（定員が29人以下のもの）において、サービスを提供します。

⑦定期巡回・随時対応型訪問介護看護（2012〈平成24〉年度より施行）

対象は居宅の要介護者で、中重度者をはじめとする要介護高齢者の在宅生活を可能にすることを目的に、日中・夜間を通じて1日複数回の定期訪問と随時の対応を介護・看護が一体的にまたは密接に連携しながら、介護職員は入浴、排泄その他の日常生活上の世話を、看護職員は療養上の世話、診療の補助といったサービスを提供します。

⑧看護小規模多機能型居宅介護（複合型サービスとして2012〈平成24〉年度より施行、2015〈平成27〉年度より名称変更）

対象は居宅の要介護者で、居宅サービス、地域密着型サービスを組み合

第2章　介護保険などの制度とサービス

わせることにより提供されるサービスであり、訪問看護および小規模多機能型居宅介護を組み合わせることにより、介護と看護のサービスが一体的に提供されます。

⑨地域密着型通所介護（2016〈平成28〉年度より施行）

地元の小規模な事業所で実施する少人数（利用定員が18人以下のもの）で、生活圏域に密着したデイサービスです。

5. 地域支援事業

地域支援事業のサービスが受けられる対象者は、要介護などに該当しないものの、それらの状態になるおそれのある人や要支援者です。目的は、心身の機能の維持・改善、要支援や要介護になるのを予防するとともに、要介護状態等になった場合も地域で自立した日常生活が送れるよう支援することです。具体例をあげると、虚弱な高齢者や軽度の認知症の人たちを対象とした運動教室、栄養と口腔の健康講座、うつや認知症予防のカルチャー教室、閉じこもり予防などの参加型イベントなどのほか、要支援者などを対象とした訪問型サービスや通所型サービスなどがあります。

おもな地域支援事業

●高齢者や家族に対する相互的な相談と支援

●高齢者の権利擁護や虐待防止

●予防給付でのケアマネジメント

●地域のケアマネジャーに対する支援・指導

●地域での認知症に対する総合的な対応・支援

第3節 高齢者向け福祉サービス

- 介護保険以外の高齢者福祉サービスを把握する
- 高齢者の保健サービスを理解する

1 地方自治体の関わる高齢者福祉サービス

（1） 高齢者福祉サービスの種類

　市町村では各地の実状に応じて高齢者の生活支援サービスを行っています。国が事業予算の50％を出すなどの補助事業も多くあります。具体的には、「高齢者生活福祉センター」「老人介護支援センター」「老人クラブ」「老人福祉センター」「老人憩いの家」などがあります。しかし実施するかは自治体の判断に任されているため、地域で必要性が高くない場合などは実施されていません。

2 高齢者の保健サービス

（1） 健康診査

　老人保健法に基づき実施されていた健康診査などの保健事業は、「高齢者の医療の確保に関する法律」（高齢者医療確保法）による健康診査と保健指導、「健康増進法」による健康診査などがあります。高齢者対象の健康

第2章　介護保険などの制度とサービス

診査（**図表2−4**）は生活習慣病の予防健診に重点がおかれています。

図表2−4　高齢者の健康診査

40〜74歳	特定健診 （メタボ健診）	2008（平成20）年度から始まったこの健診は食べ過ぎや運動不足で内臓脂肪がたまり、それが原因で糖尿病、高血圧症、脂質異常症などにならないようチェックすることが目的です。血糖値や脂質、血圧などが異常値となるメタボリックシンドロームと診断されると、生活改善が推奨されます。毎年、受診時期に受診券が送られてくるので、決められた期間にかかりつけ医などで健診を受けます。
65歳以上	生活機能評価	将来、寝たきりなどの要介護にならないよう、現在の健康状態を調べます。要介護になるリスクが高ければ自治体などが実施している介護予防のための運動教室などに参加することが推奨されます。対象の人に受診票が送付されます。
75歳以上	基本健診	長寿医療制度（後期高齢者医療制度）加入者が対象です。検査項目は身体測定（腹囲計測含む）、問診、診察、血圧測定、尿検査、血中脂質検査、肝機能検査、血糖検査。また医師が必要と判断した人については貧血検査、心電図、眼底検査、胸部エックス線検査、血液検査などが行われます。要介護認定を受けていない人は、心身状況をチェックする「生活機能評価」も同時に受診できます。

第4節 高齢者虐待の防止と対応

ここを学ぼう！
・高齢者の虐待について理解する
・高齢者虐待防止法について理解する
・虐待への対応を学ぶ

1 高齢者虐待防止法

（1）法律制定の流れ

わが国では2000（平成12）年以降、虐待(ぎゃくたい)を防止するための法整備が進みました。

虐待防止に関する法整備の流れ

2000年　「**児童虐待防止法**」が制定・施行

2001年　（**DV防止法**）「配偶者からの暴力の防止及び被害者の保護に関する法律」

2005年　（**高齢者虐待防止法**）「高齢者に対する虐待の防止、高齢者の養護者に対する支援等に関する法律」（2006〈平成18〉年4月1日から施行）

2011年　（**障害者虐待防止法**）「障害者虐待の防止、障害者の養護者に対する支援等に関する法律」（2012〈平成24〉年10月1日から施行）

第2章　介護保険などの制度とサービス

高齢者虐待防止法の要点

●生命等に重大な危険があると思われる高齢者の虐待を発見した人
は、速やかに市町村に通報しなければならない（通報義務）。虐待
の疑いも含む。

●通報を受けた市町村は、虐待を受けた高齢者を一時的に保護する（迅
速に講じなければならない）。

●市町村は養護者（家族・親族・同居人など）の負担軽減のため緊急
の必要がある場合に高齢者が短期間養護を受けるための居室を確保
する（避難するためのシェルターを用意しておく）。

●介護施設などの職員は、自身の施設で高齢者の虐待を発見した場合
は、速やかに市町村に通報しなければならない（通報義務）。また、
通報を受けた市町村長は老人福祉法または介護保険法による監督権
限を適切に行使しなければならない。

●市町村は、不当な取引による高齢者の財産上の被害について、相談
に応じたり、関係機関の紹介などを行う。

　高齢者の虐待通報の窓口には、地元の地域包括支援センターや市町村に
おける高齢者福祉の担当課があります。

高齢者虐待の定義

（1）　高齢者虐待とは

1. 虐待の被害者と加害者

　高齢者虐待防止法では、高齢者について次のように定義をしています。

> この法律でいう「高齢者」とは65歳以上の者です。

65歳未満の者に対する虐待については、高齢者虐待防止法は適用されません。もちろん、それを放置してよいわけではなく、例えば「刑法」や「DV防止法」が適用できるケースがあるので虐待や虐待の疑いに気づいたら市町村などに通報します。

高齢者虐待防止法では、高齢者の虐待を行う者について、「**養護者**」と「**養介護施設従業者等**」の2つに分けて定義しています。養介護施設従業者等には介護施設のほか訪問介護の介護職員やケアマネジャーなども含まれます。

高齢者虐待にあたる対象者

①高齢者の世話をしている家族・親族・同居人などの「養護者」

②養護施設・介護施設の介護職員などの「養介護施設従業者等」

---

2. 養護者による高齢者虐待

養護者による高齢者虐待

●身体的虐待

　高齢者の身体に外傷(がいしょう)が生じ、または生じるおそれのある暴行を加えること

●ネグレクト(放棄・放任)

　高齢者を衰弱(すいじゃく)させるような著(いちじる)しい減食、または長時間の放置、養護者以外の同居人による虐待行為の放置など、養護を著しく怠(おこた)ること

第2章　介護保険などの制度とサービス

●心理的虐待

　　高齢者に対する著しい暴言、または著しく拒絶的な対応、その他、

高齢者に著しい心理的外傷を与える言動を行うこと

●性的虐待

　　高齢者にわいせつな行為をすること、または高齢者にわいせつな

行為をさせること

●経済的虐待

　　養護者または高齢者の親族が当該高齢者の財産を不当に処分する

こと、当該高齢者から不当に財産上の利益を得ること

　また、殴るといった暴行のほかにも重大な虐待があることを知っておき
ましょう。例えば次のようなことも場合によっては虐待に該当します。

虐待に該当するものの具体例

●排泄ができない高齢者を残して泊まりがけの旅行にでかける

●年金の振り込まれる銀行カードを取り上げる

●「死んでしまえ」と暴言をはく

●施設において他の入所者や介護していない職員の見えるところで脱
　衣介助する

3．養介護施設従業者等による高齢者虐待

　養介護施設従業者等による次のような行為を高齢者虐待と規定していま
す。内容は、基本的に養護者の場合と同じです。

養介護施設従事者等による高齢者虐待

●高齢者の身体に外傷が生じ、または生じるおそれのある暴行を加え

ること

●高齢者を衰弱させるような著しい減食、または長時間の放置、その他、高齢者を養護すべき職務上の義務を著しく怠ること

●高齢者に対する著しい暴言、または著しく拒絶的な対応、高齢者に著しい心理的外傷を与える言動を行うこと

●高齢者にわいせつな行為をすること、または高齢者にわいせつな行為をさせること

●高齢者の財産を不当に処分すること、当該高齢者から不当に財産上の利益を得ること

国や地方公共団体の責任

（1）　虐待の防止と保護

高齢者虐待の防止、高齢者虐待を受けた高齢者の迅速かつ適切な保護および養護者に対する適切な支援を行う責任があります。例えば虐待を受けた高齢者を緊急一時的に保護するためのシェルターとして特別養護施設に専用のベッドを確保しておくといった対策が行われています。

①虐待を受けた高齢者を迅速かつ適切に保護する。また養護者を支援するために関係省庁や他機関、民間団体との連携を強化する。さらに民間団体の支援といった必要な体制の整備に努める。

②虐待を受けた高齢者の保護、養護者に対する支援が専門的知識に基づき適切に行われるように、虐待対応の専門的な人材の確保や資質の向上を図るための職員研修を行う。

第2章　介護保険などの制度とサービス

③高齢者虐待の通報義務、人権侵犯事件の救済制度などについて広
報・啓発活動を行う。　　　　　　　　　　（高齢者虐待防止法第3条の規定を要約）

国民の責任 4

（1）　虐待の発見

　高齢者の生活にいちばん近いのが地域で生活する人たちです。すべての
介護のなかで虐待が起こる可能性があると知っていれば、早期発見や通報
といった虐待防止につながります。

①高齢者虐待の防止、養護者に対する支援などの重要性について理解
を深める。
②国、地方公共団体による高齢者虐待の防止、養護者に対する支援の
ための施策に協力するよう努めなければならない。

（高齢者虐待防止法第4条の規定を要約）

介護職員や福祉・保健・医療関係者の責任 5

（1）　職員などの責任とは

積極的に通報することが期待されています。施設で起こった虐待では、

第4節　高齢者虐待の防止と対応

「身内の不祥事」のため内々に処理しようという心理が働くこともあります。また日々の業務のなかで無意識のうちに虐待をしてしまうこともあります。例えば「言葉遣い」や「汚れたオムツ交換の手間を嫌がり定時までそのままにしておく」といったことです。認知症や重度の寝たきりなどで自らの意思表示が乏しい高齢者の場合、虐待の発覚が遅れるといったこともあります。「虐待はいつでも起こるもの」という意識でつねに注意することが大切です。

①養介護施設、病院、保健所や高齢者の福祉に業務上関係のある団体、養介護施設従事者、医師、保健師、弁護士、その他高齢者の福祉に職務上関係のある者は、高齢者虐待を発見しやすい立場にあることを自覚し、早期発見に努めなければならない。
②国、地方公共団体による高齢者虐待の防止のための啓発活動、高齢者虐待を受けた高齢者の保護のための施策に協力するよう努めなければならない。

（高齢者虐待防止法第5条の規定を要約）

介護職員等による高齢者虐待の防止

（1）　絶対にあってはならない高齢者虐待

　介護職員など高齢者の福祉や介護に関わる人は虐待を絶対にしてはならない立場にあります。しかし、職場でつねに高齢者に接しているため、何らかの結果として虐待を起こさないとは限りません。そこで、高齢者虐待防止法では、養介護施設従事者等による高齢者虐待の防止をするための措

第2章　介護保険などの制度とサービス

置を規定しています。

養介護施設従事者等による高齢者虐待の防止

　介護事業を行う者（雇用主）は職員の研修を実施する。また介護施設を利用したり、介護事業サービスの提供を受ける高齢者とその家族からの苦情を受け付ける窓口を用意するとともに、職員による高齢者虐待を防止するための措置を講ずる。

　毎日の介護に追われ、気持ちの余裕をもてないときもあるのが人間です。ひょっとしたら自分では気づかぬうちに虐待に近い行為をしていることもあるかもしれません。他人事と思わずに利用者への態度や気持ちを考え直してみることが大切です。

7　虐待への具体的な対応

（1）　虐待への対応策

　虐待行為に気づいたら、勇気をもってすぐに対応することが大切です。まわりの人にも呼びかけて虐待をなくしましょう。

　具体的な対応の流れは**図表2−5**、**図表2−6**に示すとおりです。

　また、高齢者虐待防止法では、高齢者虐待を防止し、高齢者の経済・財産上の被害を予防するために**成年後見制度**の利用促進を強調しています。

第4節　高齢者虐待の防止と対応

成年後見制度

　認知症や遠距離介護、一人暮らしなどで不安なときや、認知症などによって判断能力が心配な人、自分に不利益なお金の使い方をしたり高齢者を狙った悪徳商法の被害にあうことを防ぐため、代理人（後見人）に財産管理を任せる支援のことを成年後見制度といいます。判断能力があるうちに将来に備えて代理人を決めておく任意後見制度と裁判所が関わる法定後見制度があります。

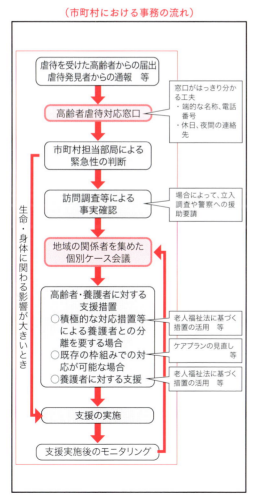

図表2-5
養護者の高齢者虐待への具体的な対応

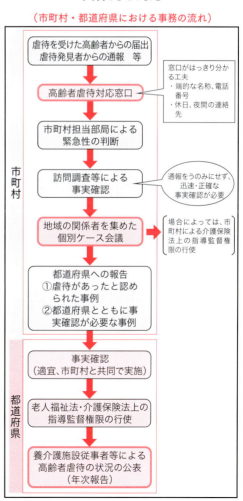

図表2-6
養介護施設従事者等の高齢者虐待への具体的な対応

63

第2章　介護保険などの制度とサービス

第5節　障害者自立支援法と障害者総合支援法

ここを学ぼう！
・障害者自立支援法ができた背景と改正点を理解する
・障害者総合支援法に基づく制度のしくみを理解する
・障害者が利用する具体的なサービス内容を理解する

1　障害者自立支援法の創設と改正

（1）障害者自立支援法改正の流れ

　高齢者福祉における介護保険法の改正と同じように、障害者福祉においても、大きく制度が変更されることとなりました。2006（平成18）年4月より施行され、2010（平成22）年12月に大幅な改正が行われました。

　障害者自立支援法ができるまでの障害者福祉サービスは、身体障害、知的障害、精神障害という障害別および年齢別で実施されてきました。

　障害者自立支援法は、利用者負担に対する反対意見など障害者の自己負担についてさまざまな意見が出されましたが、最終的には23項目の付帯決議がなされ、2005（平成17）年11月7日に公布され、一部の規定を除き、2006（平成18）年4月1日から施行されました。

　また、2009（平成21）年9月の政権交代により、障害者自立支援法は廃止する方向が打ち出され、それに代わる法律・制度を検討するため政府は「障がい者制度改革推進本部」を設置しました。しかし、さまざまな意見や政治的な情勢もあり、障害者自立支援法に代わる法律は、すぐには制定できません。そこで、2010（平成22）年12月、障害者自立支援法の改正を目的とした「障がい者制度改革推進本部における検討を踏まえて障

害保健福祉施策を見直すまでの間において障害者等の地域生活を支援するための関係法律の整備に関する法律」を成立させました。

これにより、障害者自立支援法などが大幅に改正されました。そのおもな改正点は次のとおりです。

障害者自立支援法のおもな改正点

①利用者負担は、応能負担を原則とする

②発達障害が障害者自立支援法の対象となることを明確にする

③障害福祉サービスにおいて「同行援護」を創設する（2011〈平成23〉年10月施行）

これらの改正は、2010（平成22）年12月10日に一部が施行、2012（平成24）年4月より全面施行となりました。

また、2012（平成24）年6月20日に「地域社会における共生の実現に向けて新たな障害保健福祉施策を講ずるための関係法律の整備に関する法律」が成立し、2013（平成25）年4月から「障害者総合支援法」（障害者の日常生活及び社会生活を総合的に支援するための法律）が施行されました（一部は2014〈平成26〉年より施行）。

これにより、「障害者自立支援法」という名称が「障害者総合支援法」に変更となりました。また、障害者自立支援法で用いられていた「自立」という言葉を削除し、障害者総合支援法では、「基本的人権を享有する個人としての尊厳」という言葉が用いられました。

おもな変更点を以下にあげます。

〈2013（平成25）年度〉

・「障害者自立支援法」を「障害者総合支援法」に変更

・障害者の範囲に難病等を追加

第2章　介護保険などの制度とサービス

・地域生活支援事業において、市町村と都道府県との役割分担を明確にし、
　意思疎通支援が強化される

〈2014（平成26）年度〉

・「障害程度区分」を「障害支援区分」に改め、内容を見直す

・「重度訪問介護」の対象拡大

・共同生活介護（ケアホーム）を共同生活援助（グループホーム）に一元
　化する

〈2018（平成30）年度〉

・障害福祉サービスに、「就労定着支援」と「自立生活援助」を追加

・新高額障害福祉サービスが始まる

・補装具の貸与が始まる

障害者総合支援法のあらまし

（1）　目的

　障害者総合支援法は、障害者基本法の基本理念をふまえ、障害者（児）
の福祉に関する法律と相まって障害者（児）が自立した日常生活、社会生
活を送れるよう、必要な障害福祉サービスにかかる給付その他の支援を行
い、障害者（児）の福祉の増進とともに、障害の有無にかかわらず、人が
相互に人格と個性を尊重し安心して暮らせる地域社会の実現を目的として
います。

（2）　特徴

　障害者総合支援法は、身体障害、知的障害、精神障害の障害者（児）に対する「自立支援給付」と「地域生活支援事業」を行うための法律です。支援費制度（2003〈平成15〉年4月〜2006〈平成18〉年3月）では対象ではなかった精神障害が加わり、複雑な障害福祉のしくみのうち、3障害に共通する制度を設けてわかりやすく利用しやすくなりました。

　自立支援給付とは、障害福祉サービス、自立支援医療、補装具の購入などの費用を給付するものです。原則として1割を利用者が負担し、残りを市町村（4分の1）、都道府県（4分の1）、国（2分の1）が負担します。給付を受けるには、市町村に申請して支給決定を受ける必要があります。

　市町村および都道府県は、国の定める基本指針に即して、障害福祉サービスや地域生活支援事業などの提供体制の確保に関する障害福祉計画を定めます。

障害者総合支援法に基づく制度のしくみ

①サービスの一元化

・障害者総合支援法に基づく制度では、3障害すべてを対象とした上で、サービス提供主体は市町村に一元化される

②実施主体は市町村

・障害者総合支援法に基づく制度の中心的な役割を果たすのは市町村。市町村は、自立支援給付、地域生活支援事業の実施主体となる

・市町村ごとでサービス内容が異なる

③ケアマネジメントが活用されている

　・統一的なアセスメントや障害支援区分、市町村審査会の導入

　・相談支援事業者の活用

第2章　介護保険などの制度とサービス

・職員などに対する研修の制度化

・サービス利用計画作成費の制度化による個別給付

※障害支援区分は区分1〜6の6段階に分けられる。介護保険制度の要支援・要介護に対応したもので区分1が要支援、区分2〜6がそれぞれ要介護1〜5にほぼ相当する。身体障害者福祉法の「障害等級」などとは異なる。

認定の方法

自立支援給付を希望する場合、市町村が80項目の障害支援区分認定調査を用いた一次判定を、市町村審査会が医師の意見書を踏まえた二次判定を行います。

（3）　新しいサービス体系

障害者総合支援法において、これまでの「居宅系サービス」「施設系サービス」という2つのサービス体系から、「介護給付」「訓練等給付」「地域生活支援事業」に再編成されました。「介護給付」「訓練等給付」は、自立支援給付のなかに位置づけられます。

新体系での考え方は、入所施設のサービスを、日中活動事業と居宅支援事業に分け、利用者が地域社会と自然に交わりながら生活していけるようにするものです。

具体的なサービス 3

障害者総合支援法に基づくサービス事業は、大きく分けて2つあります。
①自立支援給付（介護給付、訓練等給付、自立支援医療等、補装具費の支給）

第5節　障害者自立支援法と障害者総合支援法

図表2－7　障害者総合支援法に基づくサービス

自立支援給付	介護給付	・居宅介護（ホームヘルプ） ・重度訪問介護 ・同行援護※1 ・行動援護 ・重度障害者等包括支援 ・短期入所（ショートステイ） ・療養介護 ・生活介護 ・施設入所支援
	訓練等給付	・自立訓練（機能訓練・生活訓練） ・就労移行支援 ・就労継続支援（雇用型・非雇用型） ・共同生活援助（グループホーム） ※従来のケアホームは、グループホームに一元化されました。
	自立支援医療等	・更生医療 ・育成医療※2 ・精神通院医療の支給※2
	補装具	
地域生活支援事業		（例）相談支援事業、移動支援など

※1　同行援護は改正法に基づくもので2011（平成23）年10月より適用
※2　育成医療と精神通院医療についての実施主体は都道府県等

②地域生活支援事業（日常生活用具の給付・貸与、移動支援事業等）

それぞれの事業のなかで個別に具体的なサービスが提供されます。

（1）　自立支援給付

自立支援給付での利用者負担は、原則として1割の定率負担となります。ただし、世帯の収入状況に応じて軽減があります。

第2章　介護保険などの制度とサービス

（2） 地域生活支援事業

地域生活支援事業は、市町村や都道府県がその地域や利用者の特性に応じて柔軟に提供するサービスのことです。利用料は、実施主体の判断で条例で定めることができます。全国一律ということではありません。

○相談　○情報提供、助言　○権利擁護　○手話通訳等の派遣　○日常生活用具の給付・貸与　○移動支援　○地域活動支援センター、福祉ホーム等事業

4 介護保険制度と障害者総合支援法

（1） 介護保険制度と障害者総合支援法の関係

介護保険制度と障害者福祉制度（障害者総合支援法等）の関係は、2つの制度に共通するサービスについては介護保険制度を優先し、介護保険制度にないサービス等については、障害者福祉制度を適用するしくみになっています（**図表2－8**）。

図表2－8　障害者福祉制度と介護保険制度との関係

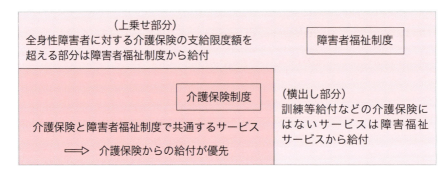

第 3 章

高齢者の病気の基礎知識

第3章　高齢者の病気の基礎知識

第1節　老化と障がいを知る

- 老化は自然な生理現象であることを理解する
- 障がいの原因を理解して介護する
- 高齢者の精神障がいについて理解する

1 「年齢を重ねる」ということ

（1）老化とは

「年齢を重ねて老化していくこと」は自然な**生理現象**です。では、**老化**は人の「こころとからだ」にどのような変化をもたらすのでしょうか。

1. 老化によるからだの変化

老化は、骨・筋肉を弱め、体型や姿勢、歩行の機能を衰えさせ、皮膚の萎縮により肌のつやを失わせ、しわを増やして顔つきまでも変えてしまいます。歯が抜けたり、視力や聴力が低下したりもします。また、胃など日常的に負担がかかる体内の臓器組織は萎縮し、その働きが低下していきます。

2. 老化によるこころの変化

高齢になると精神機能にも老化が起こります。個人差がかなりありますが、一般的には記憶力・学習力の低下、情動（感情表現）や性格の変化などが特徴的です。

また、精神の活動性が落ち、気力に欠け、うつ状態になりやすく、いか

第1節　老化と障がいを知る

にも「老けてしまった」という感じでプラス思考に欠けることがあります。

　人のこころあるいは精神的な活動は、脳で行われています。若いころは活発だった脳機能も高齢になって低下し、加えて毎日の活動が活発でないと廃用萎縮（使わない筋肉が萎縮する）がともないます。

3. 老化を遅らせるためには

　老化を止めることはできませんが、その進行を遅らせることは可能だといわれています。そのためには、快食、快便、快眠、運動、休養、特にストレス解消のための遊びを取り入れた生活習慣により、生活リズムの安定を図ることが重要だといわれています。

（2）　老化と障がい

　身体障がいの背景には病気があることが多いです。特に老化によって起こる病気はさまざまな臓器にいくつもの機能障がいを引き起こし、生活していく上で必要な能力を衰えさせます。これをそのままにしておくと、生きていくためにはかなり不便な状態になってしまいます。

　そこでリハビリテーションや看護、介護によって、機能障がいや能力低下を軽減・改善し、もっている機能を活性化させることで、高齢者・障がい者の自立を促し、**QOL（生活の質）**の向上をめざします。

1. 身体障がいの原因

　身体障がいを引き起こす原因は病気と事故が圧倒的に多くなっています。病気では脳血管障がい、心臓病、骨・関節疾患、呼吸器疾患などがおもな原因です。事故では交通事故を含む転倒事故、骨折が多くみられます。

73

第3章　高齢者の病気の基礎知識

介護に求められる視点

　障がいのなかでも認知（物事の理解）、歩行などの移動、コミュニケーションの障がいは介護をする上で特に関わりの大きい問題です。障がい者の介護の目標は、WHO（世界保健機関）が示す「健康の定義」にもみられるように、身体的・精神的・社会的・霊的という4つの領域での生活機能の評価の向上をめざすことです。

　病気をかかえる障がい者の介護では、栄養状態、薬の服用状況、病状などについても注意します。質の高い介護により、状態を改善しQOL（生活の質）を高め、もっている能力を活用して少しでも自立に向けての社会参加をめざします。そのためには、医師、看護師、リハビリテーションスタッフをはじめとした医療スタッフや介護福祉に関わる諸スタッフとの緊密な連携がきわめて重要です。

精神障がい

（1）　精神障がいとは

　精神障がいは、脳の器質の変化によるものや、統合失調症や躁うつ病のようなこころの病気にかかることにより生じます。高齢者のうつ病は近親者の死などの喪失体験がきっかけになることが多いようですが、はっきりとした原因はまだわかっていません。精神障がいは、七難八苦の経験によっても起こります。地震などの災害神経症、各種のストレス障がいなどが原因になることもあります。

第1節　老化と障がいを知る

1. 高齢者の精神障がいの種類

　高齢者は若者と比べて、3〜4倍も精神障がいにかかりやすいといわれています。病気にかかった場合に、さまざまな精神的な症状が併せて現れることもめずらしくありません。例えば、慢性的な病気にともなってうつ状態となったり、あるいは骨折や手術後に薬の副作用や強い不安、環境の変化や廃用症候群（生活不活発病〈P.80参照〉）などにより認知症のような状態や幻覚、妄想状態になることがあります。

高齢者に多い精神障がい

●器質性精神障がい（脳の組織そのものに異常がみられるもの）

・アルツハイマー型認知症

・脳血管性認知症

・レビー小体型認知症

・前頭側頭型認知症（ピック病）　など

●機能性精神障がい（脳の働きだけに異常が現れるもの）

・統合失調症

・気分障がい：うつ病、躁うつ病（双極性障がい）

●幻覚、妄想

●神経症（不安、強迫、心気症等）

　精神症状は変化しやすく、いつまでも同じ状態にとどまってはいません。薬の効果や安全性、副作用は個人差がかなりあるので注意が必要です。

2. 高齢者の精神障がいの特徴

●「こころとからだ」が連動しやすい

　高齢者は若者に比べて身体的な症状と精神的な症状が相互に影響しやす

第3章　高齢者の病気の基礎知識

いことがわかっています。風邪や骨折などで衰弱すると、うつ状態になったり認知症のような症状が出たりします。逆に、うつ状態や認知症のような症状がひどくなっても脱水症状や寝たきりになって衰弱してしまいます。

● 症状がわかりにくい

高齢者の場合、その病気の典型的な症状を示さないことが多くあります。うつ病でも、若者では言動が少なくなるのに対し、高齢者の場合は気力がわかないといったうつ感よりも、頭痛、肩こり、便秘、疲れやすいといった身体的な症状が前面に出ることが多くなります。

● 周囲の環境に影響されやすい

アルツハイマー型認知症は、急激な環境変化をきっかけにして発症することもあります。近親者の死、定年や退職、転居なども環境変化といえます。逆にいえば、環境の整備や精神療法が、ときには症状の改善に効果をもたらすこともあります。

● 介護に求められる視点

心身の休養と積極的な気分転換が図れるような環境を整え、語り合うよう促すことが大事です。そのためには高齢者の人生を1つの物語として尊重していく姿勢が必要とされます。

また、高齢者の訴えをよく聞き、受け止めて共感する姿勢が大切です。介護者の意見を押しつけたり、高齢者の考えを否定したりすることは避けなければなりません。そして、先を急がないこと、できる限り家族との生活を続けていくことなどが大切です。

第2節　日常的な病気の基礎知識

第2節 日常的な病気の基礎知識

ここを学ぼう！
・高齢者の病気の特徴を理解する
・尿失禁や排便障がいについて理解する
・その他の日常的な病気についての知識を得る

1 高齢者の病気

高齢になると次のような病気の特徴がみられます。

高齢者にみられる病気の特徴
① 1つの病気だけではなく複数の病気にかかっている
② 病気の症状が現れにくい
③ 病気が慢性化しやすく、回復するのに時間がかかる
④ 免疫（めんえき）機能が低下して、感染症にかかりやすい
⑤ 症状や病気の進行などの個人差が大きい

（1） 高齢者の病気の変化

　高齢者の多くは**日常生活動作（ADL）**能力や身体のコンディションを正常に保とうとする機能（恒常性（こうじょうせい）：ホメオスタシス）、まわりで起こる環境の変化に順応する機能（生体防衛機能）などの抵抗力が低下しています。ちょっとした風邪などの日常的な病気であっても、すぐに肺炎を起こしてしまうなど、重大な病気が連鎖反応のように起こりやすくなっています。若いころの印象から、「この程度なら問題ない」とは思わず、ふだんと異

第3章　高齢者の病気の基礎知識

なる様子や病気の症状に気づいたら速やかに医療職に伝えることが大切です。「体温は平熱。食欲もあるけれど、どこか変だ」という病気の前兆に気づくことは日ごろの様子を知っている家族や介護者だからできることです。介護をすすめていくなかでは、**バイタルサイン**（**体温、脈拍、呼吸、血圧といった生命徴候**）の異常に気をくばります。高齢者の血圧、脈拍、体温、呼吸の標準値や日ごろの状態を把握しておくことによって、病気などによる変化に気づきやすくなり、早期発見および早期治療に役立てられます。

１．体温の測定

● 体温測定の目的

体温を測定することによって、健康状態を把握することができ、病気の徴候を早期に発見することができます。

● 測定方法

もっとも一般的で手軽にできるのが、電子体温計による脇の下での測定です。

脇のくぼみの中央よりやや前方（もっとも深い場所）に密着するようにして体温計をはさみ、脇の下を締めます。

● 測定で注意すること

正確に体温を測定するために、次のことに注意します。

> **体温測定の際の注意点**
> ●まひがある場合は、どちら側にまひがあるかを確認する
> ●まひがある場合は、まひのない側（健側）の脇の下で測定する
> ●体温の正常値（平熱）は個人によって異なる。特に高齢者の場合、平熱が低いことが多くある

●排尿・排泄をがまんしていないかを確認する

●脇の下に汗をかいている場合は汗をよく拭きとってから測定する

●食事、運動、入浴後は体温が上がるので測定は安静時に行う

●測定の結果について「熱がある」「熱がない」など判断せず、利用者の全身状態を観察して、変化があれば医療職に相談する

２．血圧の測定

●血圧測定の目的

血圧を測定することで心臓の働きを知ることができます。

●測定方法

　もっとも一般的で手軽にできるのが、自動血圧測定器による上腕（二の腕）での測定です。血圧は時間や環境によって変動します。そのため、血圧の測定はきちんとした手順や環境を整えて定期的に行います。

●測定で注意すること

正確に血圧を測定するために、次のことに注意します。

血圧測定の際の注意点

●まひがある場合は、まひのない側（健側）の腕で測定する

●トイレをがまんしているときや、外出前のあわただしい時間などには血圧が上昇する

●食事、運動、入浴後は血圧が上がるので測定は安静時に行う

●正しい姿勢で測定する。「心臓の高さにある上腕の血圧を座って計測した値」が基準。いすに座って測定する

●毎日同じ時間に測定する。血圧は時間によって変動するため、同じ時間に測らないと日々の変化がつかめない

●からだの力を抜いてリラックスしてもらう

第3章　高齢者の病気の基礎知識

廃用症候群（生活不活発病）

（1）　廃用症候群（生活不活発病）とは

廃用症候群（**生活不活発病**）とは、長い間寝たままでいたり、身体の一部を固定したりすることによって生じる機能の低下をいいます。例えば骨折で数カ月入院し、ベッドで寝ていたときなどに生じます。

関節の動かない部分や動かせない部分は衰えていきます。健康な人でも骨折の治療のためにギプスをして固定すると、あとでその部分の関節が固まってしまう拘縮や、筋肉が細く衰える萎縮が起こったりします。これは廃用症候群の一例です。

高齢者の場合は局所的なものよりも、安静、つまり寝たきりなどによる全身の機能低下が問題になります。肺炎などによる入院から寝たきりになってしまうケースもあるので、介護者は退院後の生活を考えてなるべく早い時期から、医師や看護師と相談しながら廃用症候群を防ぐ介護をします。

（2）　運動機能の低下と寝たきり

運動機能の低下は、筋力の低下や関節が硬くなる、バランス感覚が悪くなる、骨が弱くなるといった状態で現れます。

筋力は1週間絶対安静の状態が続くと、10～13％低下するといわれています。3週間も寝たきりの状態が続くと、関節が固まる拘縮などが目に見えてはっきりとわかります。女性の場合は骨が弱くなる**骨粗鬆症**にな

第2節　日常的な病気の基礎知識

ることも多く、ますます骨は脆くなってしまいます。高齢者が風邪などの
ちょっとした病気で床についたら、いつのまにか寝たきりになったという
のは、このように著しく運動機能が低下するためです。

　寝たきりになると心臓や肺の機能も低下します。心肺機能は3週間絶対
安静の状態が続くと、20〜30％も低下するといわれています。健康な若
者でも3週間寝たままでいたら、同じくらい心肺の機能は低下し、立ちく
らみ、めまいなどを起こします。高齢者の場合はもともと若者ほどの体力
がないので、入院後などに低下した機能を回復させることが非常に困難に
なります。

（3）　精神機能の低下

　からだだけではなく、精神、つまりこころの働きも衰えていきます。安
静で刺激の乏しい状態が続くと、ものを考えたりする精神機能が低下し、
活動の意欲もだんだんとなくなっていきます。健康な人でも、家のなかば
かりにいると動くのがおっくうになることも多いように、からだを動かさ
なければこころも衰えるのです。

　活動の意欲が衰えると、認知症へと移行することもあります。

代表的な症状

　運動、心肺、精神の機能が衰えると、骨粗鬆症や関節拘縮、褥瘡（床
ずれ）、頻脈（脈拍が毎分100を超える状態）、動悸、息切れ、起
立性低血圧（めまい）、うつ状態、意識低下、食欲不振、便秘、膀
胱炎などの症状がみられる

81

第3章　高齢者の病気の基礎知識

尿失禁

（1）　尿失禁とは

　自分の意思とは無関係に尿が漏れてしまう状態が**尿失禁**です。ふだんは自律神経が働き、尿道括約筋によって尿が漏れないようなしくみになっています。

　しかし、脳や脊髄に障がいを負って自律神経の働きが障がいされたり、尿道付近の病気で尿の排泄が自分でコントロールできなくなってしまうことがあります。排尿をつかさどる神経とその中枢（脳や脊髄）のいずれかに障がいが起きて、膀胱の機能に異常をきたすことで尿失禁が起こります。

1．尿失禁の種類

●腹圧性尿失禁

　咳やくしゃみ、むせる、重い物をもつなどしたことで腹に圧力がかかって尿が漏れることです。尿道を強く引き締める筋肉のゆるみによって起こります。

●切迫性尿失禁

　尿意を催してトイレに立つのですが、間に合わないで漏らしてしまうことです。脳の障がいや炎症や結石などによって膀胱の機能にトラブルがあるときに起こります。

●機能性尿失禁

　排尿の能力は正常でも判断力に障がいがあったり、日常生活動作（ADL）低下などによってトイレに間に合わない（行けない）ことで尿失禁を起こす状態です。高齢者のなかでも寝たきりの人、認知症の人、意識障がいの

第2節　日常的な病気の基礎知識

ある人などに起こります。

● **反射性尿失禁**

　脊髄に障がいのある人に起こるのが反射性尿失禁です。排尿したいという感覚が薄くなるのと、自分の意思で排尿することが困難になるのがその原因です。そのため、尿がたまると尿意がないのに反射的に漏らしてしまいます。脊髄損傷や脊髄腫瘍、手術後などに起こります。

● **溢流性尿失禁**

　膀胱に尿が充満し、尿が尿道から漏れ出るのが溢流性尿失禁です。出そうとしても少しずつしか尿が出ず、たえず続けて出る状態です。高齢男性では、前立腺肥大症などが原因となります。

排便障がい

（1）　排便障がいとは

　排便は、自律神経と筋肉（肛門括約筋などの神経）でコントロールされています。これらの神経に障がいが起こると、便を失禁してしまいます。自分の意思とは無関係に便が漏れてしまう状態です。脊髄損傷、直腸や肛門の病気（外傷・腫瘍・炎症）、ひどい下痢、便秘、腸炎、重度の認知症など、多様な原因で起こります。

　便失禁の原因に、便秘があることに注意しましょう。たまった便が粘膜を刺激して、粘液性の下痢を引き起こし、失禁しやすくなります。また、便秘に対して下剤を使い過ぎることも、失禁につながります。

83

第3章　高齢者の病気の基礎知識

支援の方法

　下痢による便失禁の場合は、その原因を探して解決しなければなりません。例えば、食事の調整も必要です。過食のようなら減量をして、刺激物や脂肪分を避けて、消化しやすいもの、食物繊維の多いものを選びます。

1. 排便障がいの原因

●膀胱・直腸障がい

　尿と一緒に便も失禁してしまう状態のことです。神経系の病気のときに見られるため、病気の発生場所を診断するのに重要な所見（見た結果に対する判断や意見のこと）となります。このタイプの失禁では何らかの病気が疑われるので、かかりつけ医や看護師に相談します。

●肛門の病気

　痔や脱肛は便秘の原因になりますが、失禁にも関係します。排便を我慢することで痔が悪化して、その痛みが激しくなると失禁します。

　また肛門の手術を受けたことのある人は、失禁する頻度が高くなります。

　直腸がんの発生が直腸閉塞を起こし直腸炎になり、粘液便や水様便、血便を失禁することもあります。浣腸が習慣になっている場合も粘膜を刺激して直腸炎を起こし、失禁を助長することがあります。

●便秘

　便秘は大腸がんなどの重大な病気が原因のこともあるので注意深く観察し、受診をすすめます。

　運動量が少なくなった寝たきりの高齢者は、食事の量が少なくなる結果、便秘がちになります。排便時のいきみを軽くするために浣腸を使うこともありますが、浣腸は血圧を変化させるので高血圧や心臓の弱っている人に

第2節　日常的な病気の基礎知識

は危険な処置です。

　便秘がちな人には下剤が処方されます。しかし、腸閉塞が疑われる場合の下剤の使用は危険をともなうので、かならず医師の指示を受けて服用します。

その他の日常的な病気 5

（1）　味覚障がいとは

　味覚は、舌の粘膜にある味蕾という部分で感知されます。この情報が大脳に伝わって、甘い、酸っぱい、辛い、苦いなどと感じます。

　味蕾の数は加齢とともに減少するため、高齢者は味覚障がいを起こしやすくなります。そのほか、薬などの飲み過ぎにより起こることも多く、全身性疾患、風邪、高熱で味がわからなくなり、食欲もなくなるという訴えもよくあります。

　味蕾の数が減っても、口のなかを清潔にしたり、楽しい食事環境をつくることで食欲の増進を図ることはできます。栄養のバランスを考えた食材・調味料を選んで、見た目に美しい配色、清潔な食卓などに配慮すれば、食欲は増進するでしょう。

　人間の食欲は味覚だけではなく、いわゆる五感の、視覚、聴覚、触覚、味覚、嗅覚に影響されます。食事の支援では五感を刺激する工夫をし、長年の食習慣や好みを配慮することが大切です。

（2）　咀嚼・嚥下障がいとは

　食べ物が口から入って食べ物を噛みくだき味わうことを**咀嚼**、飲み込む

85

第3章　高齢者の病気の基礎知識

ことを**嚥下**といいます。高齢者はさまざまな理由で嚥下困難になりやすいので、どのような原因かを見て支援方法を考えます。

1．咀嚼・嚥下障がいの原因

●口の渇きがある場合

高齢者は唾液の分泌量が減少するので、水分の摂取が不足すると、食べ物をスムーズに飲み込めなくなります。また、入れ歯が合わない場合、食べ物を十分に噛みくだけないため、のどの通りが悪くなります。食事は十分に咀嚼して、適度に水分を補給しながら食べます。入れ歯が合わないときは、早めに直します。

●精神的な要因がある場合

不安などがある場合は食事以外のときも、のどや胸に何かつかえているような感じがします。「自分はがんではないか」と心配してよけいに気になり食欲が落ちることもあります。

●脳血管障がいの後遺症による場合

脳血管障がいやまひによって嚥下困難や言語障がいが起こります。むせや咳き込みに注意し、一度にたくさんの食べ物を口のなかに入れないようにして誤嚥を防ぎましょう。

●長期にわたる場合

飲み込みにくい状態が長く続くと栄養障がいをきたします。高齢者の状態によっては経管栄養や輸液療法が行われます。これらの実施は誤飲や逆流などによる肺炎、体力の低下、介護する家族の負担、介護施設の受け入れ態勢などと深く関わるので慎重な検討が必要です。

●口腔ケア

毎食後は歯みがきなどで口腔内を清潔にし、誤嚥による肺炎の防止に努めましょう。食事前の歯みがきや舌の掃除の習慣はよいことです。口腔内

第2節　日常的な病気の基礎知識

には多くの雑菌がいるからです。また、上半身の軽い運動やおしゃべりなどは嚥下の準備運動になります。

（3）　脱水症とは

　人は加齢とともに、体内の水分量が減少します。それに加えて、高齢者はかなり脱水状態がすすんでも口の渇きを感じにくいため、水分の摂取が遅れがちです。さらに、失禁や下痢を恐れて意識的に水分を制限することも少なくありません。また高齢者の場合は、脱水があっても自分で気づいて訴えることはむしろ少ないようです。早い段階で発見し、対処することが重要です。

　気温・室温が高くて発汗が続くと、**熱中症**と**脱水症**が同時に起こります。高齢者の脱水症では、なんとなく元気がない、食欲がないという状態から、血圧が低下し、脈が速くなり、痙攣や意識障がいも出てきます。

脱水症のチェックポイント
　・舌の乾燥ぐあいを見る
　・皮膚の乾燥ぐあいを見る

　さらに、降圧利尿剤を服用している人（高血圧の人、慢性心不全、むくみのある人）は脱水症になりやすく、言語障がいの人や認知症の人は自分で訴えることができないので、家族や介護者などの注意が必要です。

（4）　むくみとは

　からだのなかの水分は、血液のほかにも細胞やその周辺にあります。そ

第3章　高齢者の病気の基礎知識

して、細胞間に水分がたまってしまった状態を**むくみ（浮腫）**といいます。

　水分や塩分のとりすぎや疲労などが原因で顔や足がむくむことがあります。心不全や腎不全といった病気が原因の場合もあります。

（5）　褥瘡・皮膚障がいとは

　長期間、同じ体勢で寝たきり等になった場合、からだとベッドの接触した局所で血行が悪くなり、周辺組織が壊死（身体の組織の一部分が死ぬこと）する状態を**褥瘡**（床ずれ）といいます。細菌感染が起こると化膿して治りにくくなります。

　寝る、座るなどどのような姿勢でいても体重による圧力が皮膚局所に3時間以上持続してかかると、血液循環障がいによって壊死が発生します。発汗、失禁等による湿気は症状を促進する原因になります。特に骨が出っ張っている部分や肉が薄い部分は注意が必要です。

褥瘡の予防方法

●体位変換を行う

　同じところへの長時間圧迫を避けるため、2時間ごとに寝たり座ったりしている姿勢を変える

●からだの清潔を保つ

　皮膚の状態をこまめに観察し、赤く腫れて（発赤）いないかなどをチェックする。からだを清潔に保つことも予防につながるので、入浴や清拭（蒸しタオルなどで身体を拭くこと）などを行う

●寝具の清潔を保つ

　寝具の清潔にも気くばりする。汚れたり、ゴミがついていたりすると、皮膚を刺激して褥瘡ができやすくなり、細菌感染を起こして悪

化するので、日光にあてた寝具に交換する。ノリがききすぎたシーツや、寝間着の縫い目やシーツのしわがあたるのも避ける
●栄養状態を良好にする
褥瘡は栄養状態が悪いと治りにくくなるので良質のたんぱく質などをはじめとした栄養を十分に摂取する

第3章　高齢者の病気の基礎知識

第3節　高齢者に多い病気の基礎知識

ここを学ぼう！
・脳血管障がいと後遺症を理解する
・高齢者に多い病気についての知識を得る

1 脳血管障がいとその後遺症

（1）脳血管障がいとは

　脳の血管が詰まったり破裂したりするなど、脳の血管の異常によって起こる病気を総称して、一般的には**脳卒中**と呼びます。卒中とは「突然倒れる」という意味です。専門的には**脳血管障がい（脳血管疾患）**といいます。

1．脳血管障がいの原因や種類

　脳血管障がいの原因で多いのは**高血圧**（P.97参照）です。高血圧症が続くと動脈の壁が厚くなったり硬くなったりすると同時に、動脈の内部が狭くなって血液が通りにくくなります。これを**動脈硬化**といい、軽いうちは症状はあまり出ませんが、進行すると頭痛、めまい、手足のしびれ、動悸や息切れ、胸の痛みなどの症状が出ます。放置したままにしておくと、脳血管障がいを引き起こす危険性があるので、早めの治療が必要です。

脳血管障がい（脳血管疾患）のこわさ

　高齢者の血管は老化や動脈硬化で脆くなっているので、脳血管障がいが起こりやすくなっています。かつて、日本人の死亡原因のトップ

第3節　高齢者に多い病気の基礎知識

は脳血管障がいでした。なかでも脳出血が圧倒的に多かったのですが、減塩食の認知、高血圧治療の進歩、生活習慣の移り変わりなどによって脳出血の割合が減り、最近では脳梗塞が多くを占めるようになっています。

　脳の組織は、ほんの数分間、神経細胞が無酸素状態になるだけで壊れてしまい、再生することがありません。命は助かったとしても、手足のまひや言語障がいなどの後遺症が残り、高齢者の場合はこれが原因で寝たきりや認知症になってしまうことが多いのです。

◆脳梗塞（脳血栓、脳塞栓）

　脳梗塞とは、脳の血管が細くなったり、血栓（血のかたまり）が詰まったりして血流が滞ることです。

　脳梗塞の発作は突然のまひで始まります。発症の前には、軽い一過性の意識障がいやまひ発作を経験する場合もあります。

脳梗塞が疑われる症状

●片側の手足や顔面がまひする

●手足がしびれ、感覚がなくなる

●意識不明になったり、意識がもうろうとする

●ろれつがまわらない

●相手の言っていることがわからない

●字が書けない

●失禁

●視野が狭くなる

●吐き気やめまい

3

91

第3章　高齢者の病気の基礎知識

①脳血栓

　脳血栓は動脈硬化が進行して徐々に血管が詰まってしまう場合をいいます。高齢で血圧のやや低い人に多く、血圧が低下する夜間の睡眠中に起こることが少なくありません。心臓病、不整脈、降圧剤の飲み過ぎによる急な血圧の低下や、脱水による血液の濃縮などが原因となります。症状としては、はじめは片側の感覚が鈍くなってきて、時間とともにまひがすすみます。

②脳塞栓

　不整脈、心臓弁膜症などにより心臓等の血管内で血栓ができ、それが流れて脳の血管に詰まって血管を閉塞してしまう場合を**脳塞栓**といいます。年齢に関係なく起こり、過労やお酒の飲み過ぎが原因となる場合もあります。前兆として現れる症状ではめまいやふらつきなどがみられますが、発症は急激です。重症化する傾向があります。

◆脳出血

　脳出血は、脳の内部の血管が切れて出血することです。

　脳出血は前兆がなく、突然激しい頭痛とともに起こります。意識がなくなったり、吐き気や嘔吐をともないます。脳梗塞の発症と比べて急激で重度の症状を示し、出血の部位によっては死亡する場合もあります。

①くも膜下出血

　くも膜下出血や硬膜下血腫は、脳をおおっている膜と脳の間に出血する（脳は軟膜、くも膜、硬膜の3枚の膜に包まれています）ことです。

　通常は脳動脈瘤が破裂し、くも膜下腔に出血するのが原因です。

　55～60歳の比較的若い年代に多くみられ、65歳以上の高齢者にはあ

まり多くありません。

くも膜下出血は、突然なにかで殴られたような激しい頭痛を起こし、急激に発症します。特に後頭部痛を訴える場合が多く、吐き気や嘔吐をともない、意識障がいも起こります。

②硬膜下血腫

硬膜とくも膜との間に血液がたまったもので、硬膜とくも膜とにまたがっている血管が破れて起こり、脳が圧迫されます。頭部外傷がおもな原因です。

頭部外傷後、頭痛、嘔吐、反応低下や異常ないびきなどをともなうことがあり、まひ、食欲低下、さらには寝たきりや認知症になったりします。

2. 脳血管障がいの後遺症とリハビリテーション

脳血管障がいの後遺症として肢体不自由や言語障がいが起こります。そのため、リハビリテーションが重要になります。しかし、意欲低下をはじめとしたうつ状態に陥ることも多く、リハビリテーションを妨げてしまいます。

◆リハビリテーションのすすめ

うつ状態のときは、急いだり、焦ったり、あきらめたりせず、目標を立てながらリハビリテーションをすすめていきます。不安感をぬぐい、やる気を引き出す意味でも、リハビリテーションをすれば機能回復が得られることをしっかりと伝えます。

歩行訓練はなるべく介助の手助けを最小限にして、本人の意欲を高めることが大切です。また一般に、言語障がいの場合は1年以上の訓練期間が必要です。言語は人間特有の意思疎通のための機能であり、その回復は日

第3章　高齢者の病気の基礎知識

常生活上の感動的な喜びとなります。ですから、ゆっくり話しかけ、少しずつでも回復できるよう精神的に支えていきます。

2 視覚障がい

（1）　視覚障がいとは

　視力が衰える目の病気には、光が入ってくる経路（光路）で発症する病気と、目の奥にある網膜から大脳の視覚中枢に至る経路（視路）で発症するものがあります。

　光路での病気には、白内障、緑内障、糖尿病性網膜症などがあります。**視路異常**を起こす病気には、特定の部位に発症する脳腫瘍、髄膜炎などの炎症性のものや、脳出血や脳梗塞などの脳血管障がい、外傷、中毒などがあります。

1．高齢者に多い目の病気

　高齢者に多くみられるのが**白内障や緑内障**です。目の病気はほかの病気と合併していることも多いので、それぞれに応じた総合的な介助が必要です。**高度視力障がい**では日常生活動作（ADL）にも支障をきたすので、介護の必要度も高くなります。

●白内障

　白内障の原因は、先天的なものから糖尿病が誘発しているものなどさまざまです。いずれも水晶体が白く濁り、視力低下をまねく点では同じです。老人性白内障の原因は不明ですが、時期がずれて両眼に発生します。進行して視力が低下し不便を感じるようになったら手術を受けます。

●緑内障

　緑内障は眼圧が異常に高くなって、いろいろな視機能に支障をきたすもので、女性や遠視の人によくみられます。疲労やストレスなどが原因となって起き、急激な視力の低下、白目の充血、黒目の白濁、瞳孔の開きなどが現れます。失明の危険性があるので、速やかに眼科の診察を受けます。

聴覚障がい

（1）　聴覚障がいとは

　普通の話し声（おおよそ60デシベル）が聞こえにくい、両耳での聴力レベルが70デシベル以上の人を聴覚障がい者といいます。聞こえない、聞こえにくいなど障がいのレベルはさまざまにあります。難聴ともいいます。

　難聴には、音の振動が伝わっていく外耳や中耳の病気による**伝音性難聴**と、振動を感じとる内耳と脳に信号を送る神経の病気による**感音性難聴**があります。

伝音性難聴を起こす要因	外耳炎・慢性中耳炎・外耳道の異物や大量の耳あか　など
感音性難聴を起こす要因	老人性難聴・突発性難聴・聴神経腫瘍・メニエール病・ストレプトマイシン中毒　など

1. 高齢者に多い耳の病気

●老人性難聴

　加齢にともなう難聴を**老人性難聴**といいます。中年を過ぎたころから次第に音が聞こえにくくなります。一般に低音よりも先に高音が聞こえにくくなり、次第に低音も聞こえなくなります。この症状には、補聴器の使用

第3章　高齢者の病気の基礎知識

が役に立ちます。専門医のもとで、難聴の原因や程度を診断してもらい、治療すべきか、補聴器を使うべきかを決めます。補聴器を使用する場合には、選ぶ際に必要な聴力のデータを書いた処方せんをもらいます。雑音の有無や種類、大きさなど生活環境に合った性能の補聴器を使う必要があるので、専門知識と経験のある人に選んでもらいます。

● **耳鳴り・めまい**

聴力障がいと関連して、**耳鳴り**や**めまい**があります。耳鳴りは内耳とその中枢路に対する刺激や脳の障がいによって起こるものといわれていますが、はっきりした原因はわかっていません。

めまいには、からだのまわりがぐるぐるまわるように感じる回転性のめまいと、からだがふらふらしたり、目先が暗くなるような感じがするめまいがあります。メニエール病、動脈硬化症、脳梗塞、脳神経疾患、貧血などでみられますが、原因がはっきりしないことも多いようです。

めまいがした場合

めまいがしたときには座るなどして転倒しない姿勢になり、目を閉じて安静にします。

第3節　高齢者に多い病気の基礎知識

高血圧

（1）　高血圧とは

　血液が血管内を流れるときに血管の壁に与える圧力が**血圧**です。動脈にかかるこの圧力が必要以上に高い状態のことを**高血圧**といいます。高血圧は遺伝する傾向があります。家族に高血圧の人がいる場合は、定期的な血圧測定が望まれます。

　加齢とともに次第に血圧が高くなってくるものを本態性（一次性）高血圧といいます。腎臓などの病気が原因で高血圧となる症候性（二次性）高血圧とは区別して呼んでいますが、高血圧患者の80％以上は、はっきりとした原因を特定できない本態性高血圧です。

1．高血圧の特徴

　高血圧の測定結果は数字で表されるので、一般の人でもわかりやすい病気ですが、1回測定しただけでは高血圧かどうかの判断はできません。血圧は1日のうち、早朝と夕方では夕方のほうが高く、1年のうちでは秋から冬にかけて高くなる傾向があります。

高血圧かどうかの判断基準

　高血圧かどうかの判断は、1～2週間おいて2～3回測った結果によって行う。成人の場合、WHO（世界保健機関）の定義によると最高（収縮期）血圧値が140㎜Hg、最低（拡張期）血圧値が90㎜Hg以上である場合（どちらか一方でも）を高血圧という。

第3章　高齢者の病気の基礎知識

　治療の主体となるのは降圧剤の使用です。降圧剤にはさまざまな種類があり、作用や副作用もちがうので、かならず医師の指示に従い、服用します。

2. 高血圧の予防

生活習慣に注意することである程度高血圧を予防することができます。

高血圧の予防のポイント

●ナトリウム（食塩）と動物性脂肪の摂取をひかえる

・1日の食塩の摂取量は6g未満に調整する

・減塩だけでなくナトリウムを含んだベーキングパウダーなどに使われている重曹やうま味調味料（アミノ酸等）のグルタミン酸ソーダにも注意する

・動物性脂肪は高血圧と合併しやすい動脈硬化の予防のためにもひかえめにする

・動脈硬化の発生を抑制する植物性脂肪や魚油（イワシ、サバ、マグロなどに多く含まれる）をとるようにする

・カルシウム、マグネシウム、カリウムもとるようにする

●精神的ストレスを避ける

・ストレスなどで緊張が続くと急に血圧が高くなることがある

●喫煙をしない、肥満を避ける

・タバコは降圧剤の効き目を悪くし、肥満は心臓や血管に負担をかける

●適度な運動

・運動には血圧を下げる働きがあり、ストレスや肥満を解消する

・とにかく歩くこと

高血圧、脂質異常症（高脂血症）、肥満、糖尿病が合併すると動脈硬化が促進され、脳血管障がい、心臓病、腎臓病などによる死亡頻度が高まります。予防に努めましょう。

糖尿病

（1）糖尿病とは

糖尿病は膵臓から分泌される**インスリン**というホルモンが不足したときに起こる代謝障がい（慢性の高血糖がおもな症状）です。血糖を低下させる働きをもつインスリンが不足するために血糖値が上がり、尿から糖が出ます。口が乾く、多飲、多尿、急な体重減少などの諸症状が現れ、重篤（症状が非常に重いこと）になるとさまざまな合併症が起こります。

糖尿病は完治させることはできませんが、発病初期から適切にコントロールしていけば健康な人とほぼ変わらない生活を送ることができます。

糖尿病それ自体よりも、こわいのはさまざまな**合併症**です。血管障がいや神経障がい、視力障がい、腎障がいなど、糖尿病によって引き起こされる合併症は、失明に至ったり、下肢が壊疽（壊死が進行し、菌感染を起こしたもの）してしまい、切断を余儀なくされることもあります。

糖尿病の症状

・1型糖尿病（インスリン依存型糖尿病）
　すぐにインスリン注射を行わないとやせて衰弱していく

・2型糖尿病（インスリン非依存型糖尿病）
　かならずしもインスリンの注射を必要とせず、食事療法や運動、血

第3章　高齢者の病気の基礎知識

糖降下剤のみでコントロールできる

1. 糖尿病の治療

治療の基本は**食事療法**と**運動療法**です。本人の身長、体重、肥満の有無、1日の労働量、合併症の有無などさまざまな身体の状態を調べた上で1日の摂取カロリーが決定されます。これをしっかり守っていくことが大切です。また必要に応じてインスリン注射や経口糖尿病用薬の内服は時間を決めて投薬されます。

メタボリックシンドローム（内臓脂肪症候群）とは

内臓脂肪型肥満に加えて、高血糖、高血圧、脂質異常のうちいずれか2つ以上を併せもった状態を、メタボリックシンドローム（内臓脂肪症候群）といいます。

メタボリックシンドロームは、動脈硬化を引き起こし、心臓病や脳血管障がいといった命に関わる病気の危険性が急激に高まります。

予防・改善には、運動する習慣を身につける、食事習慣を改善する（バランスのよい食生活）、禁煙するなど、生活習慣全体を改善することが大切です。

また、メタボリックシンドロームの予防・改善を目的とした「特定健診・特定保健指導（「メタボ健診」などと呼ばれています）」という制度もありますので、積極的に活用しましょう。

第3節　高齢者に多い病気の基礎知識

6 骨粗鬆症・骨折

（1）　骨粗鬆症とは

　骨はからだを支えるだけでなく、血液をつくる“工場”であり、カルシウムの貯蔵庫でもあります。このカルシウムが血液のなかに溶け出すと、骨が脆くなって**骨粗鬆症**といわれる状態になります。

（2）　骨粗鬆症と骨折の特徴

1．骨粗鬆症の原因

　骨粗鬆症は、さまざまな原因で起こりますが、特に女性は閉経後に卵巣の機能が低下して女性ホルモンの分泌が減少することで、骨のなかのカルシウムが少なくなってきます。偏食、ステロイドホルモン剤の服用、運動不足などでその変化が助長されます。

2．骨折がこわい理由

　手や足の骨折は、転倒などの何気ないちょっとした事故で起こります。特に大腿骨（太ももの骨）の骨折は適切な治療を行わないと足の長さが変わったり、骨がつながらず、偽関節という状態になったりします。たとえ骨がつながっても、変形したままつながる変形治癒ということになりかねません。

　骨折は、脳血管障がい、老衰とともに寝たきりの原因の１つとしてあげられます。寝返り、起き上がり、歩行移動ができるように術後の早期リハビリテーションが大切です。

101

7 パーキンソン病

（1） パーキンソン病とは

パーキンソン病は、脳でつくられるドパミンという神経伝達物質が減少することにより発症すると考えられています。筋肉のこわばりによって姿勢が前屈みになり（筋固縮）、歩行は小刻みになり、急に止まったり歩く方向を変えたりできなくなります。手足の震えが現れ、表情は仮面のように乏しくなり（仮面様顔貌）、低く単調な声で話すようになります。

また、治療にもっとも適した薬の服用量を決定することがむずかしく、副作用も出るため、自分で適当に薬の量を調節するようなことがあると大変危険です。

> **よく見られる症状**
> 　筋固縮（筋肉がこわばる）・振戦（筋肉の収縮・弛緩が繰り返されるときに起こる震え）・無動（動きが遅くなる）・姿勢反射障がい（バランスをとりづらくなる）

8 関節リウマチ

（1） 関節リウマチとは

関節リウマチは、全身の関節に炎症が起こり関節が腫れる病気です。患

者は、30歳以上の人口の約1％いるといわれています。30～50歳の女性に多くみられ、男性1に対して女性はおよそ3の割合でかかるとされます。

10年、20年という期間で関節が変形し破壊され、痛みをともない、やがては寝たきりになってしまいます。

関節リウマチの症状

症状の多くは慢性的に始まり、最初はからだがだるくなったり疲れやすくなり、そのうち手足のしびれや痛みなどを訴えて、からだのあちこちが痛んできたり、朝になると手足の関節がこわばるなどの症状が現れる。やがて、全身の関節が侵されてくると痛みにともない、熱や腫れが出て動きが悪くなるといった症状に悩まされる。病気が長引くと関節が変形し、動きが鈍り、ついに手も足も動かせない状態になる。

---

1. 治療と介護

治療はあせらずゆっくりと行います。手足の関節の炎症が強く、痛みや腫れがひどい場合には、温かい状態で安静にします。排泄もベッドで行い、関節を安静に保つための矯正器具を使用します。

関節の痛みには安静にして温めることが基本です。しかし、安静の状態を長く続けていると関節を動かす筋肉が萎縮してしまい、ついには寝たきりになってしまいます。そのため、筋力低下の防止、関節の可動域の保持のための運動が大切です。安静と運動のバランスのとり方は症状によってちがいます。医師などの指示を受けながら行います。

病気の原因は完全には解明されていませんが、免疫のはたらきの異常で関節の炎症が起こっていることがわかっています。

第3章　高齢者の病気の基礎知識

　薬物療法では、痛みを抑える薬と、炎症を抑える薬が使われます。近年、炎症を抑える薬には、抗リウマチ薬に加え、生物学的製剤（バイオ製剤）が早期から使われるようになり、症状を抑えられるようになってきています。

　薬で炎症を抑えながら、自助具などを利用して運動を行い、筋力を回復させていきます。関節機能を維持するためには、場合によって整形外科的な手術をすることもあります。股関節や膝関節の人工関節置換術などが有効とされています。

　日常生活動作（ADL）の支障の種類や程度に応じた適切な介助が必要です。

慢性閉塞性肺疾患（COPD）

（1）　慢性閉塞性肺疾患とは

　慢性閉塞性肺疾患とは、**COPD**（Chronic Obstructive Pulmonary Disease）とも呼ばれる病気の総称で、慢性気管支炎・肺気腫、もしくはこの両者によって起こる持続的な気道の閉塞状態のことです。

　COPDが起こる最大の原因は喫煙です。たばこの煙や汚れた大気を吸い込むことで、気管や気管支が炎症を起こした場合が慢性気管支炎、空気から酸素を取り入れる働きをする肺胞が炎症によって壊れたものが肺気腫です。

　軽度のときは自覚症状がほとんどなく、咳や痰がでる、運動時の息切れが激しいといった程度です。症状が重くなると、息を吐くたびにゼーゼーといった音がしたり（喘鳴といいます）、取り入れる酸素が減るため、意

識状態が悪くなったりします。

　COPDの治療で重要なのは禁煙です。薬物療法では、気管支を広げる薬や炎症を抑えるステロイドホルモン薬などが使われます。そのほか、呼吸リハビリテーション、呼吸器の感染症を防ぐためのワクチン接種などが行われます。

　呼吸障がいが重く、日常生活動作（ADL）に支障をきたすときには、在宅での酸素吸入療法を行います。

1．慢性閉塞性肺疾患の種類

●慢性気管支炎

　のどの炎症により痰の量が増えます。細菌やウイルスなど病原体による感染を起こしやすく、冬季には重症化しやすい病気です。

●肺気腫

　肺が膨らんでも弾力性に乏しいため、十分に息を吸う（吸気）ことができません。肺活量の低下を引き起こし、息切れしやすくなります。

その他の呼吸器の病気

●気管支喘息

　空気の通り道である気管や気管支がさまざまな刺激で痙攣して縮んだり腫れてしまう発作のことです。アレルギーとの関連が疑われています。重症だと呼吸困難を起こします。内服薬治療が必要です。

●びまん性汎細気管支炎

　発症原因が不明の気管支炎です。

第3章　高齢者の病気の基礎知識

第4節　感染症の理解と予防

ここを学ぼう！
・感染症について知識を得る
・感染症予防について理解する
・感染症対策について理解して介護する

感染症

（1）感染症とは

　感染症とは、病原体（ウイルス、細菌など）によって起こる病気のことです。このうち、人から人へうつる病気を伝染病といいます。高齢者は、体力が落ちていることが多く、抵抗力が低下しているため感染しやすい状態にあります。感染症は命に関わるおそろしい病気です。介護者は、感染症について正しく理解して、予防や介護にあたらなければなりません。

（2）感染源と感染経路

　感染した人を**感染者**または**保菌者**（キャリア）といいます。感染者のすべてが発病するわけではなく、症状が出ない人や症状が出ても軽く、感染症であることに気づかない人もいるため、注意が必要です。
　また、ウイルスに感染し、ときには何年も体内にもち続けたまま発病しない人を「キャリア」と呼んでいます。
　感染者、保菌者（キャリア）、感染している動物、菌を媒介する昆虫、

第4節　感染症の理解と予防

病原体を含んだ排泄物、病原体に汚染されたものなど、感染の原因となるものを「感染源」といいます。そして、これらの感染源から病原体が直接または間接的に人体に入り込む道すじを「感染経路」といいます。この感染経路を理解すると予防につなげることができます。

おもな感染経路

①接触感染

患部に接触して感染する。疥癬、梅毒、淋病（性感染症）など

②飛沫感染

患者の咳やくしゃみによって空気中に飛び散った病原体を含む唾液を吸い込むことで感染する。インフルエンザ、結核など

③空気感染

病原体が微粒子となって、空気中に漂い、鼻や口から入って感染する。ノロウイルスなど

④経口感染

病原体が水や飲食物に混じって口から入って感染する。コレラ、食中毒など

⑤経皮感染

病原体が皮膚の傷口を通って侵入し感染する。破傷風、狂犬病、とびひなど

⑥昆虫による媒介

昆虫に媒介された病原体によって感染する。マラリア、日本脳炎など

（3）　免疫・抗体

人間の身体には、感染源を阻止する**免疫**という機能があります。これは、

第3章　高齢者の病気の基礎知識

一度その病気にかかると免疫細胞が活発化して、体内に抗体という物質が生じ、再びその病原体が入り込んできても発病を止めるという防御のしくみです。この抗体には、病原体を退治し、体外に排除する働きがあります。

　ところが、免疫の持続期間は病原体によって異なり、麻疹（はしか）や風疹など一生涯続くものもあれば、インフルエンザなど一時的にできるだけのものもあるため、感染した経験があるからといっても安心はできません。

　また、ブドウ球菌のように人の体内に普通にすみつき、抗菌薬（抗生物質）が効かない薬剤耐性菌に変異するもの（メチシリン耐性黄色ブドウ球菌：MRSA）や、ヒト免疫不全ウイルス（HIV）のように免疫細胞そのものを破滅させてしまうものもあります。

感染症とその対策 2

（1）　疥癬とは

　疥癬は、 疥癬虫（ヒゼンダニ）という体長約0.4mmの虫が皮膚内に寄生する感染症です。潜伏期は約1カ月で代表的な症状は夜間に増強する激しいかゆみです。特徴は、腹部、脇の下、指間、太ももの内側に赤い小さな斑点が散発し、手や指の間に小さな水ぶくれが見られます。男性は外陰部等に赤い発疹などが出現することがあります。

　感染力が強く、病院や施設では集団発生の可能性があります。集団発生した場合は、感染の疑いのある人も含めていっせいに治療が必要です。きちんと治療すれば治るので過剰に反応することは避けましょう。

108

疥癬の感染予防

●衣類・寝具の洗濯

感染者の衣類・シーツなどの寝具などは毎日交換・洗濯する。疥癬
虫は熱に弱いので、洗濯するものは50℃以上の湯に10分以上つけ
てから行う。布団・毛布などは天日に干すか乾燥機を用いる

●入浴

感染者は最後に入浴し、タオルなどは複数の人間で共用しない

●介護者の手洗い

感染者への介護の前後の手洗いや、予防衣の着用を徹底する。直接
の接触は避け、ディスポーザブル（使い捨て）手袋をつける。自分
が媒介者になって感染を広げないよう十分に注意する

●清掃

部屋の掃除や換気はこまめにする

（2） インフルエンザとは

インフルエンザは、毎年、冬になると多くの人が感染し、ときには爆発
的な流行を起こします。症状の特徴は、急激な発症、38℃以上の発熱、
咽頭痛、上気道症状（鼻水・鼻づまり、くしゃみ、咳など）、頭痛、筋肉痛、
関節痛などです。高齢者の場合は、気管支炎、脳炎、肺炎等の合併症を引
き起こしやすくなります。感染経路は、感染者の咳やくしゃみなどによっ
て飛沫感染することがほとんどです。

インフルエンザの感染予防と治療

●加湿

空気の乾燥に気をつけ加湿し、からだを温かくして休息することが

第3章　高齢者の病気の基礎知識

大切。加湿によって感染力を抑える

●うがい・手洗い

うがい・手洗いの習慣で感染を予防できる。また、マスク着用はウイルスの飛沫感染を防ぐ

●予防接種

毎年、流行を予測した予防注射が行われている

●治療

特効薬がないため、治療は対症療法のみ。発病から48時間以内の抗ウイルス剤の内服で症状を緩和できる。また、咳や発熱などの症状に合わせた消炎鎮痛剤も処方される

（3）　結核とは

　結核は、「過去の病気」と思われがちですが、近年でも毎年2万人以上の人が発症しています。感染経路は、空気中の結核菌を吸い込むことによって感染することがほとんどです。肺結核患者のなかには、つねに結核菌を排出し続けている人（排菌者）がいて、このような人の近くにいる場合、特に感染の可能性が高くなるので注意が必要です。

　結核の初期症状は、微熱、寝汗、全身倦怠感（だるさ）、食欲不振などが続き、風邪の症状によく似ています。その後は肺結核になることが多く、咳や痰、胸の痛みがひどくなります。肺の病巣に空洞ができたり、血管が侵されると、痰に血が混じったり、血を吐いたりします。

　また、結核菌は肺から血管を通じて体内に広がり、腸、肝臓、腎臓、リンパ節、骨などあらゆる臓器を侵します。骨を侵す場合を特に「カリエス」と呼びます。

　抗結核剤で治療されますが、症状の進行によっては入院が必要です。

結核の感染予防

●健康診断を受ける

感染に気づいていない人がいる場合がある。介護施設などでの感染を防ぐには健診による発見が大切

（4） 食中毒とは

1．食中毒のさまざまな原因

食中毒の原因は細菌やウイルス、動・植物性自然毒、有毒性金属などの化学物質などさまざまです。発生時期は一般に夏（6〜9月）がピークです。

日本で起こる食中毒の多くは細菌性食中毒で、細菌が飲食物とともに口から多量に入り発病するもの（感染型）と、細菌が食物中で繁殖してできる毒素により発病するもの（毒素型）とがあります。サルモネラ菌、腸炎ビブリオ、病原性大腸菌などによる食中毒が急増しています。

2．食中毒の処置と予防

食中毒だと思われる症状が出たときには、すぐ医師に診てもらいましょう。食中毒は、毒物を体外に排泄することが必要なので、自己診断で下痢止めなどを飲むと、毒素が体外に排出されず、危険です。

食中毒時の療養

①保温（特に腹部と手足）

②水分補給（冷水、果汁、炭酸飲料は避け、白湯かスポーツドリンク）

③食事はとらない（症状によってお粥、重湯など）

④介護者は、患者の便や嘔吐物には直接手を触れない

第3章　高齢者の病気の基礎知識

食中毒の予防の実践

●食品には十分に熱を通す

　生で食べることは極力避ける。また、熱を通したものでも、室温で

半日以上置いておくと、菌が増殖することがあるので注意する

●手指や調理用具を清潔に保つ

　手指や調理用具からの二次感染を防ぐために、使うたびにきれいに

洗う

●生ものが触れた調理用具、食器等は十分消毒する

　熱湯や消毒剤などで消毒し、しっかり乾燥させる

●生ものはよく洗う

　野菜は流水で、魚介類の表面は真水でよく洗う

●調理した食品は速やかに食べる

　特に夏場は1回で食べきれる量をつくる

●冷蔵庫を過信しない

　食品は10℃以下で保存しておく。冷蔵保存の安全性は長くても2

日間と考える

112

第5節　介護におけるリハビリテーション

ここを学ぼう！
・リハビリテーションについて理解する
・介護職の役割について理解する
・リハビリにおける医療と介護の連携について理解する
・状態にあったリハビリの内容について理解する

1 リハビリテーションとは

（1）リハビリテーションの意味

　一般的には心身機能の回復のための訓練がリハビリテーションだと理解されています。しかし、それだけではありません。

　また、高齢者や障がい者に対して、「その人が自分でできないことを助けることが介護の基本である」と思いがちですが、大切なことは「自分でできるように支援すること」です。

　介護職や介護者は疾病や障がいのある人が残された可能性を最大限に伸ばし、自立した人間として自分で生活していけるように援助します。援助の内容は身体的なことだけでなく、心のケアや社会とつながるための支援などが含まれます。そしてこの支援の過程が広い意味での**リハビリテーション**です（**リハビリ**と略して呼ぶことも多くあります）。

　介護職は、リハビリの目的を理解するために、広い意味でのねらいを知っておくことが大切です。

113

第3章　高齢者の病気の基礎知識

リハビリテーションについて

●対象者

　障害者や病気後の患者が対象

●方法

・理学療法：病気、高齢、障がい、ケガなどで低下した運動機能の維持・改善を目的に運動、温熱、電気、水、光線などの物理的手段で行われる治療法

・作業療法：身体や精神に障がいのある人に対して、自立した生活に向けた機能の回復や維持を作業活動（日常生活や仕事、遊びなどの諸動作）によってめざすもの

・言語聴覚療法：言語聴覚士によって行われるリハビリテーション。話す、聞く、食べることについて訓練、指導をする。嚥下（えんげ）訓練も行う

・精神療法：対話などのコミュニケーションによって認知・情緒（じょうちょ）・行動などの精神的な問題の解決をめざす

●目的

　医療技術を用いて障がいの進展や合併症予防を図り、もっている力を最大限に活用した生活ができるように働きかける

●関わる専門職

　医師、看護師、理学療法士（PT）、作業療法士（OT）、言語聴覚士（ST）等

（2）　介護職の役割

　注意深い観察から高齢者や障がい者のもっている能力を見出し、できる限りその能力を引き出します。

利用者が自分でできたときは喜び合い、できなかった場合でも責めるのではなく、励まし支え、利用者が「前向きに生活していくのだ」という意欲をもてるような支援をします。

また、いろいろな道具（車いす、杖など）を用いても、利用者自身が「できることをする」といった発想で支援の方法を考えます。

（3）病院でのリハビリ、在宅でのリハビリ

日本の医療は高度に専門化しています。そのためそれぞれの病院で担っている役割が細かく分かれています。ケガや急病などの患者を受け入れる救急指定病院、手術などで病気の治療をする急性期病院、医師や看護師のケアを受けながら療養するために用意された病室の療養病床、自宅へ戻る準備をするための回復期リハビリテーション病院や介護老人保健施設など、さまざまな種類があります。

例えば、脳血管障がいで入院したとします。自宅に戻るまで１つの病院で入院することにはなりません。治療やリハビリなど、それぞれの段階に応じた専門の病院や介護施設でケアを受けていくのです。

リハビリについては３段階に分けて考えるようになっています。最近は施設に通ってリハビリを受ける通所リハビリテーション（デイケアサービス）を使うことで、なるべく入院せずに機能回復をめざす医療と介護の制度になっています。

1. リハビリテーションの種類

①急性期リハビリテーション

急性期リハビリテーションは、発症後、速やかに開始されます。病態が不安定な時期に、専門診療科と一緒になって治療（急性期治療）と並行し

第3章　高齢者の病気の基礎知識

て行います。おもに急性期病院にて実施されます。症状が安定したら回復期リハビリテーションに移行します。

②回復期リハビリテーション

　回復期リハビリテーションは、合併症を含めた急性期治療が終了し、全身状態がほぼ安定した状況で、医師、看護師、理学療法士（PT）、作業療法士（OT）、言語聴覚士（ST）などの多職種の連携のもとで集中的に行われます。回復期リハビリテーションは在宅生活へ向けた準備であり、回復期リハビリテーション病棟や外来等にて実施されます。

③維持期リハビリテーション

　維持期リハビリテーションは、急性期・回復期リハビリテーションの後の在宅・施設などでの新たな生活をしていくために行います。急性期・回復期リハビリテーションにより獲得した身体機能や能力をさらに高めることをめざします。

　この段階では介護職や介護者の支援が大切です。日常の健康管理、本人の家庭や地域における役割、生きがいといった視点で支援していきます。かかりつけ医やケアマネジャーが中心となり、支援の方法を検討していきます。

第4章

利用者や認知症高齢者のこころを支える

第4章　利用者や認知症高齢者のこころを支える

第1節　利用者とその家族を支える

・高齢者の心理状態を理解する
・高齢者とのコミュニケーションについて学ぶ
・精神面への援助方法を学ぶ
・高齢者の家族の心理や環境を理解する

1 高齢者の生活と心理

（1）人生の背景から高齢者を理解する

　一般的に、高齢者の言動に対して、表面的な観察だけで「頑固」「わがまま」「寂しがりや」と、決めつけてしまうことが少なくありません。しかし、それがすべてではありません。老いとは、これまでの長い人生体験という歴史の積み重ねであり、その現れ方は人によってまったくちがいます。

　介護者が高齢者と信頼関係を築き、よりよい介護を提供するためには、そのときどきの**高齢者の心理状態を理解する**ことが必要です。

　高齢者の心理状態を理解するためには、高齢者が**どのような人生を歩み、どのような価値観をもっているのか**をしっかりと知ることが大切です。

①否定的な思い（衰退と喪失の体験）

　高齢期に入ると、いくつもの衰退と喪失を体験します。1つには子どもの自立、職業からの引退、経済力の低下、社会との交流の減少などの**社会的衰退と喪失**です。

　もう1つは、健康不安やパートナーの死などの**生物的衰退と喪失**です。

これらの経験により生きる目的を見失ってしまう人もいます。

②肯定的な思い（体験に裏づけられた自信）

高齢者は、これまで生きてきた人生について、到達感・成就感・充実感といった肯定的な感情と自信をもっています。また、豊かな人生体験から、思慮深さ、寛容さ、忍耐力、生活の知恵、伝統的な技術の修得などの、プラス面や能力を身につけています。

③時代背景と生活史……教育や社会情勢により形成された価値観

高齢者の生活態度や価値観は、本人が受けた教育や、くぐり抜けてきた社会情勢などの影響を強く受けています。したがって、高齢者の生きてきた時代背景やこれまでの生活史を知らなければ、本人の現在の姿を深く理解することはできません。

（2） 老化による変化から高齢者を理解する

高齢者と若者では健康であることの基準がちがいます。例えば、「不眠症で悩んでいる」と訴えてくる高齢者は多くいますが、そのほとんどが健康です。高齢者にみられる不眠症の原因は、夜間に長時間の睡眠をとることがむずかしいことにあります。そのかわり、昼間の時間帯にうとうとと居眠りをしたり昼寝をして睡眠不足を補っている人が多いようです。

このように老化によるからだの変化を知らないでいると誤った判断をしてしまいます。介護者は、老化によるからだの変化や高齢者の特徴をよく理解しておくことが大切です。

第4章　利用者や認知症高齢者のこころを支える

1．身体面の変化

①形態

●体重・身長：成人期に比べて減少する

●関　　　節：骨粗鬆症や変形性関節症による脊柱や関節の変形が見られる

●頭髪・歯牙：成人期に比べて明らかに脱落する

●皮　　　膚：乾燥して弾性を失い、色素沈着などが見られる

②機能

●環境に適応する能力：成人期に比べて低下する

●生体抵抗力：成人期に比べて減少する

●視力・聴力：成人期に比べて低下する

●学　習　力：学習に時間がかかる

●記　憶　力：新しいこと（最近のこと）についてもの忘れがみられ、特に見たことより聞いたことを忘れやすくなる

③健康

●複数の病気に同時にかかりやすくなる

●症状がわかりにくく、自覚症状も乏しくなる

●後遺症や機能障がいを残しやすくなる

●病気で寝ている期間が長期化した場合、機能障がいが生じやすくなる

2．精神面の変化（老いの自覚）

①老いを自覚する

●生理的な老化現象

　老眼、難聴、白髪、歯の脱落、皮膚の変化、閉経など

●高齢期の慢性疾患

　神経痛、筋肉痛、関節痛、白内障(はくないしょう)など

●全体的な身体機能の低下

　気力・体力の減退、疲労の回復力の低下、もの忘れなど

②老いを自覚する出来事

●打ち込んでいた職業からの引退

●家庭内の主導的立場から若い世代への交代

●孫の出生

●配偶者や兄弟姉妹などの身近な人や、友人、かつての同僚などの死

●行事などでの老人としての扱いなど

3. 環境面（社会との接点）の変化

①一般的な変化

●社会人としての変化：職業上の役割の喪失、行事での役割の変化など

●経 済 面 の 変 化：収入減少、所得者から年金受給者への変化など

●家庭人としての変化：家庭内の主導権の移動、家庭内役割の変化など

②社会の新しい変化に適応できない

　日常生活にとりたてて変化がなければ適応できても、大きな変化に適応できず、うつ状態、精神活動の停滞(ていたい)のほか、精神混乱や認知症の症状などが出現しやすくなります。ここでいう変化とは、引っ越しや職業からの引退、入院・入所のほか、家具の配置換えなども含まれます。

第4章　利用者や認知症高齢者のこころを支える

（3）　老化がこころにおよぼす影響から高齢者を理解する

　人生経験の豊富な高齢者としての自信や忍耐強さがある一方で、若いころに比べると些細なことで動揺したり興奮しやすくなるという二面性がみられます。仕事や社会的なものには自らの実績に基づいた自信で、感情は安定しています。しかし、環境の変化に対する柔軟性や適応力が低下してきているので、予想外の出来事や突然の変化、疲労などで感情が乱されてしまうことがあります。

1．感情の変化
● 情緒

　喜びや怒り、恐れ、悲しみなどといった感情は、年齢を重ねるごとに穏やかになっていくことが多いのですが、いったん感情がこみあげてくるとなかなか消えにくいのも特徴の1つです。

● 不安

　老化による心身の衰えや、その先に待っている「死の実感」に根ざすものが高齢者にとっての不安といえます。これらは高齢者自身にとって簡単には受け入れられないものであり、「家族への迷惑」「まわりから見捨てられる・見放される」といった感情も芽生えてきます。

● 無気力・依存

　高齢者は、老化を実感しながら毎日の生活を送っています。そのため、将来への希望を失いやすく、克服して自立に向かう努力の意味を見出せなくなりやすいといえます。

● 感情障がい（気分障がい）

　高齢者に起こる感情障がいとして、日常的に頻度の高いものは、親しい人との死別や病気による一過性の**抑うつ**気分があります。特に病的な場合

を**うつ病**といいます。脳動脈硬化症や軽度の認知障がいなどによる**うつ状態**もあります。

　高齢者のうつ病の特徴的な症状には、無気力感、不安や焦燥感、妄想等があります。自殺の危険性も考えられます。

（4）　知的能力の変化から高齢者を理解する

　知能とは物事を論理的に考えて問題を解決する、計画的に仕事をする、抽象的に考えるといったこころの特性です。そして、知的能力は知能によって生活行動をする能力のことです。

1．知的能力の変化

　人は、50歳を過ぎても知的能力の低下はほとんどみられないことが近年の研究で明らかにされています。75歳の高齢者の場合でも、知能効率は落ちるものの、言語能力や理解力の低下はわずかです。例えば、高齢者が病院に入院した場合、トイレの位置をすぐに覚えられなかったり、検査や訓練の手順をよく理解できないということがありますが、何度か経験すれば間違えなくなります。

　それどころか、ゆっくり説明すればよく理解し、若い人以上に几帳面に正確であることが少なくありません。つまり、高齢者は新しいことを記憶することが苦手になっても、それまでの人生経験により物事への理解力や洞察力は深まっているのです。

2．知能レベルの変化

　高齢者の知能レベル（水準）の変化には、身体的要因、環境的要因、認知症などがあります。知能レベルを判断する場合、知能検査のみでなく、

第4章　利用者や認知症高齢者のこころを支える

生活環境全体から評価することが重要です。日常生活を知り、家族等の情報も知る必要があります。また、画像診断（医師が行う）を加え、その評価の結果、知能が病的に低下し社会生活が困難となった状態を**認知症**といいます。

（5）　介護を要する人としての心理から高齢者を理解する

1. 高齢者の場合

　からだの無理がきかなくなったり自由度が限られてくると、他者（特に家族）に対する期待や依存（いぞん）が大きくなり、「介護されるのが当然」という気持ちになる人もいます。自信を失ったり、不安や不満を生じやすくもなります。生活意欲が減退すると家のなかに閉じこもるようになり、社会との交流が絶たれ、寝たきりになる可能性が高まります。また、孤独感は絶望感につながり、生きる意欲を失わせます。このような状態が続くと心身機能の低下が進行していきます。

2. 認知症高齢者の場合

● **認知症の発症（初期）**

　日常生活はできますが不安や戸惑い（とまど）をかかえていることを知っておくことが大切です。

● **認知症の発症（中期）**

　病状が進行してくると焦り、周囲の雰囲気に対する不快さや怒り、悲哀（ひあい）や緊張などの感情の変化が激しくなります。この時期には徘徊（はいかい）（歩きまわり）や興奮、攻撃性などの認知症の周辺症状（最近は「認知症の行動・心理症状」〈BPSD〉ということが多い）（P.142参照）が目立ってくる高齢者もいます。

第1節　利用者とその家族を支える

●認知症の発症（後期）

　自分から何かしたいという自発性がなくなり、発語や身体活動がほとんど見られなくなりますが、心の領域は何も感じていないのではなく、ただ外に向かって表現できなくなるだけです。

高齢者とのコミュニケーション

　コミュニケーションは自分自身を表現し、社会との関係をもつための基本的な手段として欠かせないものです。しかし、高齢になるとコミュニケーションに支障をきたすことが多くあります。ここでは、高齢者とのコミュニケーションに必要な知識とその方法について学びましょう。

（1）　コミュニケーションの方法

　言葉を使ったコミュニケーションの場合、曖昧な表現を避け、わかりやすい言葉ですじ道を立ててゆっくり話をすることが大切です。

　表情や目つき（アイコンタクト）、動作、姿勢による表現も上手く使いながら、高齢者の意向を把握し、こちらの意向を的確に伝え、その繰り返しによってお互いの信頼関係を築きましょう。

効果的にコミュニケーションするための留意事項

①周囲の騒音を減らし、静かでゆったりとした環境をつくる

②話し手の口唇の動きと顔の表情を観察することができるように向き合って、互いに顔を見ながら話す

③会話は、低めの声でゆっくりと、はっきりとした言葉で

125

第4章　利用者や認知症高齢者のこころを支える

④大きな声や音は不快なほど大きく聞こえることがあるので注意する

⑤ジェスチャーを使い、会話の視覚的な手がかりとなるようにする

⑥視覚・読解力に障がいがなければ、筆談を交えたり、理解しやすいように現物を見せたりする

⑦うなずいたり、繰り返したり、簡単な質問を加えることによって、コミュニケーションへの意欲を刺激する

⑧気持ちを和らげ安心感を与える方法としては、その場に応じたスキンシップ（肩をさする、手をつなぐなど）が有効

精神面（心理面）への支援の方法

（1）　基本的な心構え

　高齢者の介護をするとき、善意からの行為であっても、ちょっとした配慮に欠けたために、結果として高齢者を深く傷つけてしまうことがあります。たとえその場で反発や抵抗をはっきり示さなくても、傷ついた高齢者は、こころを深く閉ざしてしまうことになります。そのことが高齢者のストレスになれば、介護者は高齢者にストレスを与える存在になります。そのようなことのないように、「高齢者のもつ**心理の二面性**」を理解しておきましょう。

1．高齢者のもつ心理の二面性

● **時間の蓄積を理解する（長い過去と短い未来の二面性の理解）**

　高齢者は長い過去をもっています。80歳であれば80年の長い過去の

第1節　利用者とその家族を支える

時間が、からだや言葉づかい・習慣に深くきざみ込んでいるのです。この過去の時間の蓄積は、現在の健康状態や生活習慣、価値観に深く反映されています。高齢者の過去は、個人の生活史であり、家族史であり、社会の歴史でもあります。その反面、高齢者が長い過去をもっているということは、短い未来しかもっていないことを意味しています。過去と未来、それぞれの心理をもっていることを理解しましょう。

● **自尊心を傷つけない（心身の衰えと誇りの証の二面性の理解）**

　高齢者のもつ長い時間の蓄積である加齢は、心身に衰えをもたらす反面、長い人生を生き抜いてきた自信と誇りの証でもあります。衰えと誇りを同時にかかえ込んだ、この二面性を理解しましょう。

　例えば、介護者が高齢者から拒否される場合、高齢者の自尊心を傷つけて、怒りを引き出していることがあります。高齢者の心身の衰えばかりに注目して無意識に見下すような振る舞いをした場合もそうです。弱っていても、劣っているように見えても、高齢者は長い年月を生き抜いてきた自信と誇りをもっています。この自尊心こそ、高齢者が意欲的に生きていく支えなのです。

● **動機づけと目標を見つける（依存と自立の二面性の理解）**

　過剰な支援は、高齢者の依存心を強めます。本人ができることは、できる限り本人にしてもらうことが原則です。とはいえ、強い激励や強制をしてはいけません。高齢者の意欲を引き出し、行動につなげるためには、適切な動機づけが必要です。

　例えば、「元気になって孫を抱きたい」「墓参りに出かけたい」といった高齢者の欲求や目標を見つけ出すことが、行動への動機づけになります。高齢者の行動を励まし、つねに高齢者の努力に称賛の言葉を忘れないことが高齢者の心理を支え、意欲を引き出すことにつながります。

127

第4章　利用者や認知症高齢者のこころを支える

（2）　介護を要する高齢者への支援

1．高齢者の場合

　自信を与え、自尊心を高めるような気配りが必要です。そのためには、自分で考えたり選べる場面を増やすようにしたり、自尊心を傷つけないようにすることや、家族をはじめ、ほかの人との交流が図れるように、前述の**コミュニケーションを重視した支援**が大切です。

2．認知症の高齢者の場合

　介護者の思いやりのない言動は、無用な動揺（どうよう）や不安をあおります。認知症の高齢者は、自分のした失敗に対する戸惑（とまど）いや焦（あせ）りがあります。また周囲の雰囲気から受ける不安感や不快感、他人からの命令的な強要という一方的な指示には、怒りや悲哀（ひあい）、緊張、欲求不満などを強めます。これらの感情は知的機能の低下や、ときに精神症状を拡大することになります。認知症の高齢者が、たとえつじつまの合わないことを言ったとしても、その人にとっては、それが事実であり現実なのです。その**ありのままの現実を受け入れ、温かい気持ちで支援する**ことが大切です。

高齢者の「家族」の理解

（1）　社会背景から家族介護の現状を理解する

　多くの高齢者の場合、住み慣れた場所で家族などの近親者が介護をします。しかし、すべての家庭で高齢者の介護を担（にな）うことができるわけではありません。そこで、介護保険制度が創設され、社会全体で高齢者の生活を

第1節　利用者とその家族を支える

支えようという「互助」のしくみが取り入れられたのです。

　家族の形はさまざまです。特に高齢者は、人生の長い年月をかけて家族とのつながりを培ってきました。ある人は濃密な関係を築き、ある人はそのつながりを少なくすることで自分の暮らしを保ってきたのです。

　介護者は、高齢者と家族の背景を知らずに、自分の常識だけでその家族に関わると、高齢者と家族の間で溝が深まったり、家族に過度の負担をかけ、危機的状況を招くことにもなりかねません。そのため、介護を必要とする高齢者の家族についても理解を深めることが大切です。

（2）　家族介護にひそむ危険性

1．家族介護の社会的な課題

①介護する家族の孤独

　家族が少人数化、小規模化することにより、家族のなかに介護者が得られにくくなっています。さらに、「介護をしていくこと」に対しては、それまでの長い家族の歴史のなかで培われてきた感情が深いことから、それまでの恨みや憎しみとの葛藤や、「家族なんだから」というかかえ込む義務感が生じたりします。このようなさまざまな事情により、おもな介護者である家族には大きなストレスがかかります。

②仕事や子育てと両立できない

　共働き世帯の場合、家族介護者は昼間は働き、家に帰れば家事や高齢者の介護にあたるというように、1人で何役もこなさなければなりません。また、晩婚化によって介護と子育ての両方を同時期にこなさなければならない世帯も増え始めています。その場合、仕事、家事、子育て、介護という4つの役を担うことになり、大変困難です。

129

第4章　利用者や認知症高齢者のこころを支える

③男性が介護をできない（しない）

　最近の傾向として配偶者（男性）による介護は増えていますが、社会的に、男性が介護にあたることに対する理解が十分でないため、男性による就労と介護の両立には大きなストレスがともないます。

④老老介護の共倒れ

　高齢者のみの世帯が増加しているため、高齢者が高齢者の介護を担う（老老介護）場合が少なくありません。介護者自身の健康状態の維持という課題に加え、さらに、介護を担うことで、介護者の負担は大きくなります。

2．家庭崩壊につながる介護危機

　家族に問題が生じたとき、家族全員で問題解決にあたったり、役割分担しながら支え合う関係になる場合と、逆に家族がばらばらになって機能しなくなってしまう場合とがあります。当然、後者の場合は介護危機に直面しやすく、家庭崩壊の危険性も高くなります。また、一般に、家庭の問題は家庭内で何とか解決しようとするため、家族以外の介護者や地域の人たちがその危機に気づきにくく、問題が悪化しやすいといえます。危機的状況にある家族への支援には、家族の構造や機能、かかえている問題の本質を見極めることが大切です。

3．高齢者の安全確保

　高齢者が虐待を受けたのではと感じた場合、まずすべきことは、**高齢者の安全を確保する**ことです。

　高齢者が危険な状態にあるかを確認し、虐待の事実があるのかどうかを**客観的かつ慎重に観察**します。虐待に気づいた家族や介護者は、「どうもおかしい」という疑いのみであっても躊躇せずにケアマネジャーに報告し、

130

第1節　利用者とその家族を支える

助言を求めることが重要です。高齢者が虐待を受けたと判断した場合には、速やかに市区町村に連絡します。

　虐待の原因としては、介護疲れによるものが少なくありません。直接介護を担っている介護者への支援が大事です。

（3）　家族支援の方法

1．家族問題への支援

　家族全員で問題解決をしなければならないとき、誰がどのような役割を担うかによって、その結果や効果に大きな差がでます。誰が主導権をもつのか（**キーパーソンは誰か**）をよく理解する必要があります。また、家族内の人間関係は複雑です。介護者は家族一人ひとりの思いを受け止めながら、家族全体を見渡して、どのような支援をすれば問題を解決できるのかを考えます。

　介護者の役割は、求められる支援から始まります。そのため、家族問題への支援は自分たちの役割ではないと感じるかもしれません。しかし、家族がかかえている生活上の問題点を発見し、それを改善するための方法を考え、どのような方法や内容の介護を行うかを検討することで、効果的な支援ができるのです。

2．問題点を明確にする方法

　「家族は何を求め、何を望んでいるのか」「現在どのような問題があるのか」「どのような条件が整えば問題が解決・軽減できるのか」「家族の望みと現実の問題解決方法は一致しているか」「家族と本人の望みに不一致はないか」などを明らかにするために家族のことを観察します。

第4章　利用者や認知症高齢者のこころを支える

①家族が介護者に期待している内容を把握する

当初の依頼内容と実際に期待している内容が、かならずしも一致しているとは限りません。家族の思いを受け止めながらも、現実にできることとできないことを明確にしていきます。

②介護する家族の介護力を把握する

年齢、既往歴（これまでの病歴）、現病歴、服薬、体調、食生活、睡眠、運動（および運動機能）、社会的活動の有無などから、家族の介護力を把握します。

③家族内外での家族の役割を把握する

家族内における役割や家庭外の仕事・地域活動・趣味などから、家族が介護に費やせる時間量を明らかにしていきます。

④家族内での交代者（協力者）の有無を把握する

介護を一時的に交代してくれたり、一緒に協力してくれる同居家族や別居している親族の有無などから、家族による介護のサポート体制について明らかにしていきます。

⑤家族の思いを理解する

以前からあった介護を受ける高齢者へのこころのわだかまりや、現在の思い、家族への思い、自分自身の現在や将来への思いなどから、家族介護者の精神的ストレスや介護意欲を明らかにしていきます。

第2節 障がい者(児)の心理と家族の理解

- 障がい者(児)はどのような思いをいだいているかを理解する
- 障がい者(児)のもつストレスを理解する

1 障がい者(児)の心理

(1) 障がい者(児)はどのような思いをいだいているか

　人には、「自分のことは自分でやる」という価値観があります。そのような考え方からいえば、食事、排泄、移動といった日常生活上の基本的なことを一人ですることがむずかしくなると、人間的な価値が薄くなったような錯覚に陥りやすくなります。また、当事者としても他人の力を借りて生きることに対して嫌悪感が大きくなってきます。

　障がい者がその事実を自覚したとき、将来の不安が大きく膨れ上がり、幸福から遠ざかってしまうような恐怖心と孤立感、そして深い悲しみをいだきがちです。

　介護者は、障がい者の恐怖心・孤立感、深い悲しみを理解し、共感し、本人がもっている力を発揮できるように支援します。

(2) 声に出せない声を聞く

　障がい者の声に出せないニーズをどのようにくみ取るかが人間関係・信頼関係を深めていく上で重要です。ここで必要なのが、「ともに生きてい

第4章　利用者や認知症高齢者のこころを支える

くという意識」です。そのためには、まず利用者の考え方や希望をよく聞いて、理解しようとする態度が求められます。

障がい者（児）のストレスの理解

　障がいのためにできないことがプライバシーに深く関わることであれば、社会との距離をおくようになり、人間関係をむずかしくしていきます。例えば、排泄の問題があります。一人で排泄ができないこと、あるいは、排泄の介助を受けることの精神的ストレスは測りしれません。

　障がい者がいろいろなことをやりたくても、自分の障がいが問題になったり、周囲の協力を得ることができなかったり、現実の生活のなかで苦しんでいるときに、そのことを周囲から安易に指摘されたり批判されたりすると大きな戸惑いを感じます。そして、その後の人間関係・社会生活に大きな影を落とすことがあります。

障がい者（児）の家族のストレスの理解

　介護者は、障がい者本人だけでなく、障害者の家族がかかえているストレスについても正しく理解し、慎重に対応します。障がい者の家族が余計なストレスをかかえないような配慮が必要です。

①自由のないストレス

　重度障がい児の母親は、ケアのために24時間かかりきりでいなければならない状況がよくあります。父親も仕事が終わるとすぐに家に帰らなけ

ればならないでしょう。また、兄弟も学校から帰ってくると家事全般を手伝うというケースもあります。障がい者の家族は、母親を筆頭に個人の自由時間が少ないというストレスがあり、家族が協力しながらも、将来に対する大きな不安をかかえながら生活しています。

②死のストレス

　回復が見込めない障がいの場合、つねに「死」に対する不安をもっています。この死に対する大きな無力感がストレスになっています。

③「がんばって」といわれるストレス

　障がい者の家族は周囲から注目されています。「どんな家庭になるのか」「どんな生活をしているのか」「毎日何をしているのか」など気になることがたくさんあるようです。そのため、家族はいつも周囲に対して気を配って毎日を送っています。そのうえ、地域の人たちに口々に「がんばってください」と声をかけられるのは、家族にとってはつらいことなのです。いつも精一杯がんばっているのに、さらに「がんばる」のは無理なことです。「がんばれ」と言われるたび、精神的にかなり消耗するのです。

家族がゆとりをもてるような配慮を

　家族があまりがんばり過ぎないよう、かかえ込まないよう、また、リラックスできるようなコミュニケーションが必要になります。相手の立場を十分に理解して、焦らずゆっくり歩むことを伝えてみてください。毎日の生活のなかで、つらいことばかりではなく楽しいこともたくさん見出せるような会話をして楽しい時間を過ごしていきましょう。

第4章　利用者や認知症高齢者のこころを支える

第3節　認知症の基礎知識とケア

- 認知症は病気であることを理解する
- 中核症状と周辺症状について学ぶ
- 認知症を引き起こす病気について把握する
- 認知症ケアのポイントを学ぶ
- 認知症の高齢者やその家族との接し方を学ぶ

1 認知症

（1）認知症とは

　認知症とは、病気やケガなどによって脳が損傷され、その結果、正常に発達した知的機能が低下し、日常生活のさまざまな場面で物事を理解することの「認知」能力が障がいされる状態のことです。この症状が進行すると自分の障がいを自覚できなくなります。そのため、進行すると自立（自律）して生活することが困難になっていきます。

　原因となる病気でもっとも多いのが、**アルツハイマー型認知症**など脳の神経細胞がゆっくりと死んでいく「**変性疾患**」です。このほか脳梗塞、脳出血、脳動脈硬化などによって脳神経の細胞に栄養や酸素が行き渡らなくなり、その部分の神経細胞が損傷し、神経のネットワークが壊れてしまう**脳血管性認知症**があります。また、大脳皮質にレビー小体と呼ばれる変性物質が多く出現するレビー小体型認知症があります。

　認知症にかかる人は、高齢になるにしたがって増加します。しかし、高

齢者になれば誰にも見られる物事の一部を忘れる**「もの忘れ」は老化現象**なので、認知症ではありません。認知症では体験したできごとの全体を忘れます。前記の「もの忘れ」とはちがいます。ただし、このちがいは専門医でないと診断するのがむずかしいため、心配なときは早めに受診することが大切です。

症状

（1） 認知症の症状に見られるもの

認知症の症状には**中核症状**と**周辺症状**があります。中核症状は、脳細胞が壊れることによって直接起こる症状で、記憶障がい、見当識障がい、理解・判断力の低下、実行機能の低下などがあります。これらの中核症状の影響や、周囲で起こっている現実を正しく認識できなくなり、**行動や精神・心理症状**として表現されるのが周辺症状[※]（**認知症の行動・心理症状：BPSD**）です。原因によって多少のちがいはありますが、認知症が進行する過程でも現れる症状です。

> ※現在は「認知症の行動・心理症状」（BPSD：Behavioral and Psychological Symptoms of Dementia）ということが多くなっている

（2） 中核症状とは

中核症状とは、さまざまなタイプの認知症高齢者すべてに現れる症状で、知的機能が低下します。おもな症状は記憶障がい、見当識障がい、認知機能障がい、実行機能障がいなどです。

第4章　利用者や認知症高齢者のこころを支える

1. 中核症状の種類

● 記憶障がい

　初期には、「憶えられない」という症状が現れ、進行すると憶えていたことも「忘れ」ていきます。その典型が**アルツハイマー型認知症**です。障がいの進行とともに「**エピソード（体験）記憶**（朝、食べたご飯を忘れるなど）」から徐々に失われていきます。その次に、「**作業記憶**（短期記憶：憶えている時間の短い記憶）」が失われます。どんな用件で電話をかけたのかなど、短い時間だけ憶えておく記憶が「出てこなくなる」といった症状です。さらに、「**長期記憶**（経験や学習を繰り返し憶えた知識とか、子どもの名前など）」「**プライミング記憶**（気に留めることもなく、自然と憶えているもの。自宅のトイレがどこにあるかなど）」や自転車に乗るなど、からだが憶えている「**手続き記憶**」が時間の経過とともに失われます。

● 見当識障がい

　人は、物事に見当をつけながら自らの行動を決めていますが、この機能が障がいされることを**見当識障がい**といいます。見当識には、**時間・場所・人**という要素があります。見当識障がいは、今まで間違えることのなかった道がわからなくなったり、自宅のトイレの場所がわからなくなるなどの空間認知の障がいです。施設では、昼食の直後に「今は夕方だ」ということなどがあります。さらに進むと、自分が今いる場所や家族がわからなくなり、「お世話になりました」と挨拶をするなどの行為となって現れます。

● 認知機能障がい

　人は、さまざまな刺激を受け止め（感覚）、その刺激の意味を理解して（知覚）、さらに言葉などに置き換える（言語化）ことで理解を整理します。その結果を統合して、思考や行動をしています。**認知**とは、これらのプロセスの総称です。そして認知症になると、記憶障がいなどによってこのプロセスが混乱してしまい、物事の意味がわからなくなります。

第3節　認知症の基礎知識とケア

事例　●Aさん（70歳代前半　女性　ピック病　要介護度3　認知症
　　　　高齢者の日常生活自立度Ⅱb　障がい高齢者の日常生活自立
　　　　度J　小規模多機能型施設利用）
　Aさんの認知症は中等度レベルで、日常会話は成り立ちます。自分
の名前や住所、自宅の電話番号なども言える状態です。
　ある日、施設の鍵を開けて外出したまま戻らず、翌朝、施設から数
キロ離れた店先でうずくまっているところを店主に発見されました。

●**解説**
中核症状について
　Aさんは脳の両側頭葉海馬領域に著しい萎縮があり、基本的に新し
いことを「憶えられない」という現状です。しかし、古い記憶として
の名前や住所、電話番号は覚えています。そして、いつもの言動です
が、夕方になると家事に関することなどを思い出し、「食事の用意を
しなくては」「自分の家に帰る」といいます。今回それを行動で示した
ものと思われます。しかし、見当識障がいにより自分の置かれた状況
を認識する能力が発揮できず、知っているはずの自宅に戻れなくなり、
ひたすら歩きまわり、結果、疲れ果て店先にうずくまっているところ
を発見されました。注意してほしいことは、Aさんの記憶として警察
官やパトカーは知っているのです。また、道行く人の存在もわかりま
すが、見当がつかなくなった状況になったとき、誰かに聞いてそれを
修正すること（情報などを脳のネットワークを使って物事を関連づけ
て理解すること〈認知機能〉）が使いこなせなくなっているのです。
認知障がいについて
　これは認知症により記憶、経験、知識、見当識、言語等の精神機能

139

第4章　利用者や認知症高齢者のこころを支える

を組み合わせて推論・思考することができず、生活することが困難になっているという典型的な認知症の症状です。また、発見に至る状況でも認知症の特徴がよく出ています。ほとんどの徘徊（歩きまわり）は誰かに声をかけられることにより、見つかることが多いのです。つまり、自ら問うという行動ではなく、声をかけられるという形のなかで発見者が「何か、おかしい？」ということから見つかるのです。したがって発見には介在者の存在が重要になります。

行動から認知症高齢者を理解する

　高齢者にとって、家は自らの精神を含めた資産の結晶でもあります。Aさんの場合はどうでしょうか。帰ってくる家族のために食事などを用意する主婦として重要な役割を発揮する場所になります。多くの人は一番輝いていた時代、役割がしっかりしていた自分の記憶をもとに、〈今・この時〉の己を立て直そうとし、自分の存在を、確認できる場所に向かっていると考えるのが自然ではないかと思われます。

　また、なぜ、そこに向かうのでしょうか。それは今の自分の能力、置かれた環境、自分を取り巻く人間関係などに不安をかかえているのではないのだろうかと推測できます。その場所が、まだ安心できる場所ではないのかもしれないのです。したがって、徘徊（歩きまわり）はそのような不安のサインだと考えたとき、私たち「環境としての介護者」がその理由を理解し、関わりを工夫できれば、その利用者は居場所の確保ができるのではないのでしょうか。より具体的にいうならば、本人はもちろん、家族、友人、知人等からの情報をつねにアセスメント（聞きとり）して、「私は○○さんのこと、知っていますよ」「私は○○さん、がんばっていること応援しますよ」という肯定するメッセージを出し続けることにより、自分が認められ、「ここにいてもよいのだ」と感じられることが必要なのです。実際、そのような環境が

第3節　認知症の基礎知識とケア

整った場合、認知症高齢者の徘徊（歩きまわり）は減少するのです。

認知ができなくなっても感覚は残っています。ものは見え、耳も聞こえるし、臭いや感触、味（甘い・しょっぱい・辛い・苦いなど）、熱い・冷たい（感覚・知覚）もわかることが多いものです。また、「うれしい、楽しい、嫌だ、怖い」などの感情を表情やしぐさ、行動で表現することができます。

●**実行機能障がい**

人は、手順にしたがった適切な判断により行動します。これを「**実行機能**」といいます。例えば、「トイレに行く」という行為も判断と行動の繰り返しによる結果です。

実行機能の具体例

（判断）　　　　　　　　　　→　（行動）

尿意・便意を知覚する　　　→　トイレまで我慢する

トイレの場所がわかる　　　→　トイレの場所に行く

男女の区別を選ぶ　　　　　→　トイレが空いていれば使えるとわかる

和式、洋式の使い方がわかる→　脱衣する　→　下着をおろす

排泄できる姿勢になる　　　→　排泄する　→　後始末をする

下着をあげ、着衣する　　　→　手を洗う

身支度する　　　　　　　　→　トイレを出たらどこに行くかわかる

トイレに行く一連の動作の特徴は、空間移動が多いことです。尿意・便意の知覚を起点にして、排泄が終わるまでに、記憶機能・見当識機能・認知機能を使って多くの情報収集を行っています。このうちの何らかの情報処理に1つでもつまずきがあると、「トイレに行く」を実行することがむずかしくなります。それが認知症の**実行機能障がい**です。

141

第4章　利用者や認知症高齢者のこころを支える

　また、認知症の初期段階では、日常生活での実行機能を問題なく行えますが、非日常的場面（法事、旅行など）においては、混乱するといったことがあります。

（3）　周辺症状とは

　認知症の高齢者は、生活場面ごとに生じる環境の変化に動揺します。この感情が行動や心理的反応に現れたものが**周辺症状**（認知症の行動・心理症状：BPSD）です。症状の出現や内容は、病気になる前の人格に関係します。認知症の高齢者の約半数以上の人に出現します。

1. 周辺症状の種類

● 行動障がい

　行動障がいとは、周囲の人との関わりのなかで起こる、「日常生活上の目的にかなっていない不適切な行動」のことです。かつては「問題行動」といわれていましたが、最近ではこの言葉は用いられなくなっています。

　具体的には、幻覚や妄想から、他者に暴力をふるってしまう、あるいは徘徊（歩きまわり）するといった行為などのことです。これらは、認知症症状のもの忘れや知的機能の低下などが原因の怒り、不安、困惑、混乱といった心理的反応が行動に現れたものです。そのため、介護者は一人ひとりの高齢者の生活環境の変化、人間関係の変化、心身の衰え、家族関係での役割の変化など、生活のなかで関係するさまざまな要因を理解した上で支援することが大切です。

● 精神症状

　精神症状は、人格変化、不安、抑うつ、意欲低下、焦燥、幻覚・妄想、せん妄、自発性の低下といったこころの状態のことです。せん妄とは意識

混濁や幻覚、錯覚といった状態のことです。

　認知症によって本来の気質と人格がより強固になったり、もともと頑固な人がより頑固になる、短気な人がさらに短気になるなどもあります。その一方で、もともと穏やかだった人が攻撃的になるなど、元来の性格とは正反対になることもあります。周囲の人には「人格が変わった」と感じられるようになります。

　さらに、認知症によって本人が感じる不安や、「こんなはずではない」という思いにより、焦燥や興奮が引き起こされる場合もあります。そして、不安・焦燥・興奮が高まると攻撃的になったり、逆に依存的な傾向が強まるといったことがあります。抑うつによる意欲低下が食欲不振などを引き起こし、胃腸障がい、不眠などの身体症状となって現れることがあります。

認知症を引き起こす病気

4

　認知症を引き起こす病気は、以下のように大別されます。

1. 脳血管性認知症

　脳血管性認知症は、脳出血や脳梗塞などの疾患が原因です。病巣のある場所がどのような機能を担っているかに対応して、記憶障がいおよび部分的に認知障がいがみられるので、まだら認知症ともいいます。

　原因となった病気を治療するうちに、認知症の症状もよくなることがあります。

2. アルツハイマー型認知症

　アルツハイマー型認知症では、脳の全体にわたって神経細胞が死んでい

第4章　利用者や認知症高齢者のこころを支える

くことで認知症の症状が現れます。その進行にしたがって、徐々に症状も重くなっていきます。

　病気の進行順に、その症状を次にまとめます。

アルツハイマー型の症状の進行

●初期

記憶障がいが目立ち始めるが、日常生活はできる。ただし、非日常的場面（法事や旅行など）では、混乱することや、ガスコンロのようにまわしながら押すというような同時に２つ以上の行為を行う実行機能に障がいが出ることがある

●中期

記憶障がいも重度化し、認知障がいが進み、失語（意識障がいや精神異常がないのに言語の理解や発語ができなくなる状態）、見当識障がい、徘徊（歩きまわり）、精神混乱、夜間せん妄、幻覚、妄想状態など周辺症状（認知症の行動・心理症状：BPSD）などが出やすくなる

●高度期

高度の認知障がい、失禁、寝たきり状態

3. レビー小体型認知症

　レビー小体型認知症は、大脳皮質にレビー小体と呼ばれる変性物質が多数出現します。認知機能の動揺と幻視、および指先が震えたり関節がこわばるパーキンソン症状の出現やレム睡眠行動障がい（寝ぼけて殴る、蹴るなど、夢の内容に反応して行動障がいがでるもの）が特徴的です。抗精神病薬に過敏に反応（副作用）するので、専門医との連携が大切です。

第3節　認知症の基礎知識とケア

4．前頭側頭型変性症

大脳の前頭葉と側頭葉が萎縮し、人格障がいなどが現れる進行性の病気です。40～60歳代で発病することが多いです。アルツハイマー型認知症の人との相性が悪いともいわれています。**ピック病**もその代表的疾患です。

認知症のケア

（1）　ケアのポイント

認知症のケアには、**身体面のケア**と**精神面のケア**があります。また、必要に応じた**薬物療法**が行われます。薬の服用は、根治治療にはなりません。しかし、症状の進行を遅らせたり、介護者の介護負担を軽減させることが期待できます。

認知症の高齢者の行動には、つねに危険がともないます。身体の不調や不快感を自分で適切に伝えることができないため、認知症の高齢者は混乱する、徘徊（歩きまわり）、不潔行為といった行動で表現するからです。

認知症ケアは、規則正しい生活リズムになるような支援が原則です。また、介護者には、早い段階で心身の異変（認知症の発症や症状の進行）などを見つけ出す観察力が望まれます。

第4章　利用者や認知症高齢者のこころを支える

（2）　こころのケア

　認知症の高齢者は、その症状によって過去・現在・未来という時間のつながりがもてなくなると、今という時間のなかで、安心できる場所を見つけて生きようとします。また、周囲の様子に対する理解も曖昧で、行動の自立（自律）がしだいに失われていきます。このような障がいによって失敗と誤解を重ねることで、自尊心がひどく傷ついていきます。

　認知症の高齢者の尊厳を支えるために、生活そのものを介護のなかで組み立てる必要があります。環境の変化を避け、生活の継続性を尊重し、高齢者のペースでゆっくりと安心感を大切にし、心身の力を最大限に引き出して、充実感のある暮らしを構築するのです。

認知症ケアのポイント

●否定しない
- 介護者が、叱ったり、正しい事実を教えるといったことをしても無意味なばかりか、かえって自尊心を傷つけ、症状を悪化させる
- 失敗も、危険をともなうことでなければ否定せず受け入れる
- 正しい行動を思い出すきっかけを与えるように関わる

●スキンシップ
- 一緒に行動することは効果的
- 笑顔や手を握る、肩を抱くなどのスキンシップ、優しいしぐさなどで感情に働きかけることが、やすらぎと信頼感を与える

●話しかけ
- 相手のペースに合わせた話しかけが大切
- 現実のことだけを要領よく手短に伝える
- 親密なコミュニケーションが得られるよう工夫する

第3節　認知症の基礎知識とケア

（3）　日常生活の援助

　食事、排泄、睡眠、清潔といった日常生活の介護は、仕事のしやすさなど介護者の都合でなく、認知症の高齢者の習慣や希望に合わせて行わなければなりません。これらの行為は、人としての尊厳、人権に深く関わってきます。

介護のポイント

●観察する

・食事や水分の量

・嚥下（食物の飲み込み）

・むせ

・排泄するときの一連の動作の様子

・入浴や衣服の着脱　など

●見守る

・できることは見守り支える

・できるだけ自立につながる介護を心がける

●もっている機能・能力の活性化

・趣味の活動や、音楽、演劇、園芸、回想法（過去を思い返し、人生や自分の存在を実感する）

・旅行、役割をもてる行動（ペット動物との触れ合い・飼育など）を取り入れ、もっている力を刺激する

・個人個人に合ったものを選び、慎重に実施する

●施設や医療機関などと協力して介護する

・必要に応じ、グループホームや小規模多機能型居宅介護等の利用を検討する

第4章　利用者や認知症高齢者のこころを支える

・専門医、かかりつけ医、看護師、ケアマネジャー、介護職等、家族を含めた協力体制を整える

周辺症状への対応

（1）　暴言・暴力行為とは

　記憶障がい、認知障がいのある高齢者は、不安感、焦燥感、恐怖感が強まると、それが暴言・暴力行為となって現れることがあります。羞恥心への配慮のない入浴介助、幻覚・妄想、痛みなどの不快感をうまく伝えられないときに暴言・暴力行為が現れる場合もあります。原因は複雑です。介護者や家族、それ以外の人との関わりも含めて、暴言・暴力行為が起きた前後の状況を見極めることが重要です。

> **接し方のポイント**
> ●基本事項
> ・介護者は、同じ言葉・会話の統一をすることで本人の混乱を防ぐ
> ●暴言・暴力行為が起こった際の対応
> ・状況と行為の確認をする
> ・精神状態の安定を確認する
> ・会話とともにスキンシップも試みる

（2）　徘徊（歩きまわり）

　徘徊（歩きまわり）には、本人なりの理由や目的（子どもや孫を探してい

第3節　認知症の基礎知識とケア

るなど）があります。また、過去と現在の混同も理由になります。自分の強い欲求が徘徊（歩きまわり）という行動につながったり、幻覚・妄想による場合もあります。徘徊（歩きまわり）で疲労すると、転倒などの危険性が高まるので適切な見守りが必要です。

接し方のポイント

●基本事項

・本人にとってわかりやすく、安心できる環境を整える

●徘徊（歩きまわり）が起こった際の対応

・本人が過去によく話していた話の内容や、印象に残っていること、本人の現在の「もっている力」から原因を検討する

・歩きまわる時間や歩行姿勢を把握し、転倒しないよう配慮する

（3）不潔行為

　不潔行為は見当識障がい、認知障がいによるもので、尿意・便意があっても排泄後の始末を行えず、便のついた下着や排泄物を隠そうとしたり、排泄物を不快に感じておむつを外そうとしたりします。叱ったり責めたりすることはまったく意味がありません。行動前後の状況等を確認し、おかれている環境、心身の状態、行動・排泄パターンから、原因を把握しましょう。

接し方のポイント

●基本事項

・排泄パターン（排泄のタイミング、排泄物の形状・量など）の情報から、排泄したくなる時間帯を想定してトイレに案内する

第4章　利用者や認知症高齢者のこころを支える

●不潔行為が起こった際の対応

・排泄物は臭気に配慮し素早く後始末する

・注意したり、叱ったりしてはいけません

（4）　介護への抵抗

　介護への抵抗は、排泄や入浴介助の場面で表現されることが多く、本人の強い羞恥心や恐怖記憶などが原因だと考えられます。特にそれらを訴えることができない性格の人に多く出る傾向があります。介護への抵抗があったときは、無理やり理由を聞き出そうとはせず、介護の方法の工夫・改善を中心に検討しましょう。

接し方のポイント

●基本事項

・なるべく同じ介護者が関わり、信頼関係を築く

●介護への抵抗が起こった際の対応

・清拭（P.240参照）や着替えを多くすることで清潔を保つ

・「医療関連行為」なら受け入れる場合があるので、排泄・入浴などの
　介護も「医療」と関連づけて行うなどの工夫をする

（5）　異食

　認知症が進行し、食べものとそうでないものの区別ができなくなり、たばこや芳香剤などを食べてしまうことがあります。また、視覚などによる認知ができないため、口に入れて確認しようとします（口唇傾向）。いずれのケースも、窒息や体調不良を起こし、生命に危険をおよぼす恐れもあ

第3節　認知症の基礎知識とケア

ります。**異食**には、記憶障がいや判断力の低下、無意識の心理的欲求（「寂しい」「関心をもってほしい」など）の背景が考えられるので行動前後の状況の見極めが大切です。

接し方のポイント

●基本事項

・口に入れると危険なものは、本人の手の届かない場所で保管する

・身のまわりのものは天然素材などに変更するなどの工夫をする

●異食が起こった際の対応

・口に入れている場面を見つけても、大声を出したり、無理に口を開けさせようとしない（びっくりして飲み込んでしまうことがあるため）

・穏やかに話し、ゆっくりと口から出してもらう

・本人の好きなものと交換してもらう

（6）　過食・度重なる食事の要求

　過食や度重なる食事の要求は、「異食」と同じように、行動前後の状況の見極めが大切です。満腹中枢の障がいが原因の場合もあります。かかりつけ医に相談し、病気の部位や認知症の進行段階などからも症状を見極めます。

接し方のポイント

●基本事項

・認知機能の程度および既往歴（糖尿病など）を確認する

・1日の食事摂取量と消費カロリーを測定し、栄養バランスを保つ

151

第4章　利用者や認知症高齢者のこころを支える

- 徘徊(歩きまわり)によって消費カロリーが多いときは、間食を用意するなどで食事量を調節して体力の消耗を防ぐ
- ●食事要求が起こった際の対応
- 「訴えることができる」というもっている力を尊重し、訴えを否定せずに受け止める(例:お茶やお菓子を出す)

(7) 拒食

拒食の原因は、抑うつや幻覚・妄想、ストレスなどです。食事を認知できないための不安や介護への抵抗、うつ病、消化器疾患、慢性疾患(心不全など)との関連が疑われます。

接し方のポイント

●基本事項

- 抑うつ傾向の場合は、本人の信頼する介護者が介助するようにする
- 1日の食事摂取量と消費カロリーを測定し、栄養状態を保つ
- 幻覚・妄想の症状であれば、医師の診察を受ける
- 脱水による食欲不振の可能性もあるので、1日の水分摂取量を確認する

●拒食が起こった際の対応

- 拒否のしかた(行動、しぐさ、表情など)を観察し、安心感を得られるような工夫をする
- 認知症以外の病気の有無を確認する(体調不良、不快感や吐き気、便秘による腹痛が拒食の原因となることもある)

（8）　不眠

　認知症の症状や加齢による身体機能の低下などによって生活リズムが乱れて不安になり、入眠困難や熟睡困難、早朝覚醒などの睡眠障がいが起こることがあります。睡眠導入剤を使用する場合は医師の指示を仰ぎます。健康な人でも高齢になると睡眠時間は短くなります。病気としての不眠症状は、日中でも眠くて生活に支障をきたすような場合です。

接し方のポイント

●基本事項

・朝日を浴びるなど生活リズムを整える

・本人の好きなことや日課（散歩）を日中の生活に組み込むなど、楽しい時間の過ごし方を工夫し、不安を和らげる

●不眠の訴えへの対応

・睡眠状態（入眠状態、夜中の覚醒、早朝の覚醒、熟眠感の有無、睡眠中のいびき、不眠の頻度）を確認する

・不眠の原因（日中活動の様子〈日光を浴びているか〉／夜間の居室の環境〈照明、静かさ、同室者との関係〉）を探る

（9）　その他の周辺症状

　認知症の周辺症状には、次のようなものもあります。

1.　収集

　ものを集める行為です。認知症の症状に対して本人なりの埋め合わせの行為として表現する場合があります。

2. 作話

人の名前を忘れたり、状況がわからなくなったりして混乱し、その場をとりつくろうために話をつくってしまうことがあります。話はその場限りで、精神疾患の幻覚・妄想のように繰り返すことはありません。

3. せん妄

一過性の脳機能の低下による軽い意識障がい（思考能力や判断能力の低下など）が引き起こす注意力や集中力がなくなった状態で、認知症以外の高齢者にも現れます。

4. 帰宅願望

家に帰ると訴える帰宅願望の行動の背景には、せん妄があります。生活環境の変化（引っ越し、居室換え）や、体内時計（サーカディアンリズムという）などによって引き起こされるケースが多いのです。

5. もの盗られ妄想

ものを誰かに盗られたという「もの盗られ妄想」は、認知症の高齢者の多くに見られる症状です。初期から重度の状態まで出現します。女性に多く見られ、身近な人や自分より優位な立場にある人を犯人として疑う例が多いようです。「しまい忘れ」などをきっかけに、妄想に発展するという特徴があります。

認知症の在宅介護に携わる

（1） 生活のなかでの発症に気づく

認知症のなかでも**脳血管性認知症**には、後遺症である片まひや言語障がいといった、誰が見てもわかる障がいがあります。しかし、認知症の約60％を占めるアルツハイマー型認知症の初期は、外見で症状がわかりにくいため、家族も気づかないことが多いようです。介護者は、認知症の初期症状をしっかり理解しておくことで、発症に気づけるよう備えておくことが大切です。

日々の生活というのは毎日の繰り返しですから、「慣れ」てきてあまり意識することなく過ごしてしまいがちです。介護者には、早い段階で心身の異変に気がつくことができる観察力が必要です。

（2） 本人・家族との付き合い方

認知症の高齢者をパターン化して見る傾向があります。介護者は、そうした傾向に陥らないよう注意しましょう。それは「寝たきりの高齢者のケース」「認知症のある高齢者のケース」「独居のケース」というとらえ方で認知症の高齢者を理解しようとすることです。本人の立場で考え直してみれば、同じ状況の人は二人といません。つねにそう心がけて介護することが大切です。

第4章　利用者や認知症高齢者のこころを支える

1．付き合うときに心がけること

①個性を尊重する

さまざまな問題に直面しているのは「個人」です。生活での困りごとの解決方法も、個人に合わせていかなければ問題の本質には迫れません。「病気をかかえて生きている一人の生活者」として向き合うことが大原則です。同じ障がいや病気の症状でも、適した支援方法は人によって異なります。

②相手の価値観を受け入れる

本人や家族は、それぞれの価値観をもって人生を送っています。介護者から見ると、それが好ましい場合や、逆に「それは、どうなのかな？」と感じることもあります。しかし、まずはあるがままの認知症の高齢者を受け入れようという姿勢が必要です。介護者と本人や家族の価値観はちがって当たり前なのです。具体的には、認知症の高齢者の表面的な態度（物言い、表情、しぐさなど）がどのようなものであっても受け入れることが基本になります。

③こころの余裕をもつ

介護者にこころの余裕があれば、本人や家族は、介護者を信頼することができ、自由に自分の意見や感情を出せるようになります。

信頼してもらうためのヒント

●本人のやり方、言い方で話ができるようにサポートする

●あいづちのうち方は大切な技術である

●いつでも本人の感情に注意して関わる

●表情・しぐさ・言動のニュアンスがわかることも大切

●不愉快な感情になる場合でも理性的に、まずは受け止める

第3節　認知症の基礎知識とケア

●本人の感情を安易に、常識的に解釈しないことが必要

●本当に本人の立場で考えられているかを自身に問いかける

●表面的な関係のなかでは "共感" は成立しない

④否定から入らない

　人は、それぞれの価値観をもっています。ときには「これって、明らかにちがう」と判断することもありますが、本人の立場から物事をとらえるとちがって見えてきます。むずかしいことですが、介護者は、あくまでも本人の理解者でなければなりません。ただし、本人の「行為」そのものについては、客観的に評価・判断します。

⑤自己決定を尊重する

　介護のやり方を決めるときに、自分の方針を押しつけすぎていないか、逆に、本人や家族に選択を丸投げしていないかを振り返り、一緒に確認していくことが大切です。

　どのような介護を受けるかは、基本的には本人や家族が決定します。

　認知症の場合、家族の意向により介護の内容を決定することが多くなります。この場合、あらゆる手段を活用して本人が自己決定できる方法を模索します。それでも困難な場合、介護者が本人の思いを代弁して家族に伝えることもあります。本人と家族の希望が異なっていると思われる場合、意志表現がむずかしい本人に代わって介護者が伝えるのです。

　しかし、本人が「病院は嫌だ」「施設も嫌だ」といっているので、それを自己決定であるとして、そのまま放置するような態度は自己決定の尊重には当たりません。さらに、本人や家族が自己決定をせず、誰かに決めてもらうために「お任せします」といってくることもあります。それは自己決定を避けて責任転嫁するという意味も含まれるので注意します。

157

第4章　利用者や認知症高齢者のこころを支える

⑥秘密保持

　在宅介護では、本人や家族とかなり密接な関係性が生じます。またその人の細部にわたり、見聞きすることがあります。いわゆるプライバシーです。当然のことながら、**職業倫理として秘密は守るという義務**が課せられています。もしそのことが保障されなければ、本人や家族は信頼してすべての感情や気持ちを伝えることができなくなり、認知症の介護も行えません。

第 5 章

利用者を理解し信頼を形成する

第5章　利用者を理解し信頼を形成する

第1節　相手の気持ちを受け止める

ここを学ぼう！

・信頼関係を築くことの必要性を理解する
・相手の感情に寄り添うとはどのようなことかを考える
・「共感」と「受容」に必要な基本的姿勢を知る
・個人の尊厳を大切にする

1 信頼関係を築く

　人と信頼関係を築くのは簡単なことではありません。遠慮なくなんでも話せるようになることで信頼関係ができたと思い込む介護者（介護職員）もいますが、利用者（支援が必要な人）も同じように思っているとは限りません。介護者として決まっていること、約束したことを間違いなく行うことが信頼関係を築く第一歩です。利用者のプライバシーにむやみに踏み込むようなことは避けましょう。また、利用者の要求になんでも応えることがよい関係につながるとはいえません。

　まずは利用者の話をよく聞き、気持ちをくみ取りながら接していくことが大事です。場合によってはどうしても断らなければならないこともあるかもしれませんが、率直に話してみましょう。きっとよりよい関係づくりにつながるはずです。

（1）　相手の感情を想像する

　例えば、風邪をひいている人がいたとき、「どうして（なぜ）風邪をひいたの？」と尋ねることはよくあることです。

しかし、少し考えてみましょう。自分が風邪をひいているときに、「どうして」と原因を問われることが嬉しいのか、それとも「風邪ひいちゃってつらいね」と対応されるのが嬉しいのか――。

人には悲しい、苦しい、嬉しい、楽しいといった感情があります。この感情への対応は、信頼関係を築くときに非常に重要です。

介護は人間同士の触れ合いですから、相手の感情に寄り添うことも大切です。そのため「なぜ、どうして」と論理的に考えることと、「つらいね」と感情を受け止める両方の視点をつねにもつように意識しましょう。

（2）　共感する、相手の思いを受け止める

介護者の支援では、言葉としての事実（例えば、「風邪をひいちゃった」）に対応することばかりに目を向けるのではなく、その言葉の背景にある感情と向き合う必要があります。「わかってほしい気持ちとは何か」に気づいたり理解しようとし、その気持ちに寄り添いながら信頼関係をつくりあげていくことが大切です。それが**共感**と**受容**です。

1．共感

他人の体験することを自分のもののように受け止める感情です。「私はこう思います」と自身の考えを押しつけたり、利用者を否定したりせず、「熱でつらいね」「主婦は家のこともしなければならないから風邪をひいても休めないですね」とまず肯定することから始めます。

2．受容

利用者の気持ちや、おかれている状況をありのままに受け止める感情です。介護者もそれぞれが自分の価値観をもっており、ときには自分の考え

第5章　利用者を理解し信頼を形成する

方とちがう場合もあります。例えば、「バスタオルは1週間に一度洗えば
いいね。洗たくもたいへんだし」と本人から言われたとき、自分は毎日洗
うのが習慣でそれを当たり前だと思っていると、「汚い」と思うかもしれ
ません。しかし、そこで、相手の立場になって考え、「たしかに毎日の洗
たくはたいへんなのかもしれない」と相手の考えをまずは受け入れること
が受容です。ただ、そのやり方があまりにも不潔で健康に影響をおよぼす
なら、一緒に考えながら解決します。

　このように感情を共有してくれたり、気持ちを受け止めたりしてくれる
人がいることから生活に安定や安心が生まれ、そこから自らの生活を律す
る（自律）態度が芽生え始めます。その役割を介護者が担うのです。

3．大切なのは「わかってほしい気持ち」に並び立つこと

　介護の基本である信頼関係づくりに共感と受容は大切なことです。しか
し、それは「何でも相手の言っていることを認めて」しまう「是認」や、上
から下を見おろすというような態度の「同情」ではありません。大切なの
は「わかってほしい気持ち」に並び立ち、一緒に喜び、悲しむという介護
者に求められる基本的な姿勢です。

（3）　個人の尊厳を大切にすること

　人はその人ごとの歴史を通じて価値観や生き方をつくりあげます。介護
者はまず、その人生をそのまま受け止めようと努めます。そのとき、介護
者の道徳的な判断や価値観でその人を一方的に評価するのではなく、「**か
けがえのない個人**」としてあるがままに受け止めます。あるがままに受け
止められたという利用者の気持ちが介護者への信頼につながります。

第2節 ロールプレイの実践

- 利用者の気持ちを想像する力を身につける
- 利用者の立場から「受けたい介護」を考える
- さまざまな場面で対応できる応用力を身につける
- 体験から学んだことを話し合い、適切な対応を検討する

1 ロールプレイを実践してわかること

(1) ロールプレイで相手の気持ちを理解する

　介護者には「自分が介護を受ける人の立場になったとき、受けたいと思えるような支援をしよう」という心がけが必要です。そこでロールプレイで「介護を受ける人の立場」を疑似体験してみましょう。

　ロールプレイとは、実際に起こりうる場面を想定し、それぞれがその場面に登場する人の役を演じて疑似体験をし、どのように対応したらよいかを学習する方法です。「役割演技」ともいいます。

　例えば、介護者が高齢者に幼児言葉で話しかけたらどうでしょう。数十年という長い年月を重ねた人生への配慮を欠いた対応となるのではないでしょうか。ロールプレイをすることでそうした「介護を受ける人の気持ち」に気づくことができるでしょう。

第5章　利用者を理解し信頼を形成する

ロールプレイの方法 2

（1）　目的

・与えられた役割（高齢者、利用者、家族介護者など）になりきることで その人の気持ちを理解します。

・介護を受ける人の立場でロールプレイをすすめることで、利用者の気持 ちを理解するヒントをつかみます。

・介護者としての技術向上をめざします。

・介護者としての自覚を深めます。

（2）　すすめ方

①事例の設定

●ポイントになる場面の例

・訪問時・退出時の挨拶（あいさつ）

・話を聴く態度

・ものの処分についての確認、移動（声かけの方法など）

・買い物時、現金やレシートの取り扱い方

・できないことの拒否の仕方

・助言の仕方

・認知症の高齢者とのコミュニケーション

②役割分担

・介護を受ける人、介護者、家族などを決めます。

③演技時間を設定する

・参加者全員がロールプレイを実施できるように、時間の配分をします。

④演技を開始する

⑤演技終了

⑥演技者が感想を言い合う

・評価や批判をするのではなく、相手のためになる具体的なコメントをしましょう。ともに学ぶ姿勢が大切です。

⑦見学者の意見を含めたディスカッション（事例検討）

ディスカッションのポイント

●介護者としての基本姿勢、介護を受ける人の意見を尊重（そんちょう）できたか
●自立の支援、介護を受ける人のニーズ（思い）は把握（はあく）できたか
●自立支援につながる適切な働きかけはできたか

---

⑧講師が解決方法をレクチャーする

コミュニケーションとは

コミュニケーションとは単に「おはようございます」「あっ、おはよう」と、挨拶を交わしたり、職場の上司と「利用者の○○さんの入浴

第5章　利用者を理解し信頼を形成する

は問題なく終わりました」「お疲れさま」などという言葉のやりとりだけではありません。言葉の裏には相手にわかってほしい感情が込められていることもあります。この言葉のやりとり以外でのコミュニケーションが80〜90%を占めるといわれています。

　利用者のなかには、言語障がいや認知症のために何らかのコミュニケーション障がいを抱えている人もいます。言葉で表現できないことを表情や声の調子、態度などから読みとることが必要です。

　お互いの感情や思いをわかり合うことで、豊かな人間関係を築くことができます。

　介護専門職の役割には、利用者の状態をよく知り（アセスメント）、どのような支援をしていくか計画を立て実践し、観察・評価・検討を行っていくことがあります。また、利用者のプライバシーに深く関わることにもなるので、利用者の個人情報の保護や自己決定の尊重など、倫理に基づいた行動が求められることを心得ておきましょう。

第 **6** 章

介護技術の基本

第6章　介護技術の基本

第1節　家事援助

ここを
学ぼう！

・家事援助によって利用者の生活・行動範囲が広がることを理解する
・家事援助の目的について理解する
・家事援助の具体的な介護技術の基本を学ぶ

家事援助とは

（1）家事援助について

　人の生活は、長い間にその人のやり方ができあがるもので、一人ひとりの利用者（支援が必要な人）の生活の習慣や家事のやり方があります。それらは親から教えられたものであったり、その人にとって合理的な方法であるなどそれぞれに理由があります。心身の機能が低下して自力では行えない状態になり、生活の支援が必要になっても、その人の生活の仕方を尊重しなければなりません。介護者は自分のやり方で支援をするのではなく、その利用者のやり方をよく聴き、できれば利用者と一緒に行うようにします。介護者は自分のもっている「こうあるべき生活」「よりよい生活」という価値観を押しつけてはいけません。利用者自身の生活を取り戻せるように支援する必要があります。

（2）　家事援助のおもな内容

①買い物の支援

　一人での買い物や外出自体がむずかしい場合に買い物の支援をします。何が必要なのかなど利用者の考えを聴き、買い物に同行したり買い物の代行をします。

②調理の支援

　一人で調理をするのがむずかしい場合に、調理の支援をします。何をつくりたいのかなど利用者の考えによってすすめます。

③洗濯の支援

　衣服や寝具を清潔にして、健康的な暮らしを支援します。

④掃除の支援

　掃除や整理整頓をすることで健康的な環境づくりと転倒予防などの安全な住まいづくりを支援します。

買い物の支援

（1）　買い物の支援について

　買い物はできれば利用者と一緒に行きます。商品を見て、利用者に自分で選んでもらうようにします。どうしても動くことができず、介護者のみで買い物に行く場合でも、どのようなものを買うのかよく考えてもらいま

第6章　介護技術の基本

す。利用者からの希望があるもの、どうしても必要なもので購入の了解を得ているものを買いますが、希望されたからといって何でも購入してよいとは限りません。病気や体重の増加などからアルコール類や菓子などが制限されている場合もあります。また、安いからといって無計画に必要のないものを購入しないように、利用者に事前に確認し、買い物メモをつくって出かけます。

買い物の支援を行う前のチェックリスト

身体面	□外出が制限される病気や心身の状態についての確認 □歩行できるか（ふらつくようなことはないか） □使用する福祉用具はあるか（杖、歩行器、シルバーカー、車いすなど） □遠くまで行く場合、バスや電車を利用できる状態か □買い物する店まで往復する体力はあるか □外出の際、排泄への配慮をする必要があるか（尿とりパッドの準備など）
日常生活動作等	□お金についての認識があるか □自分で支払いができるか □購入するものがわかっているか □自分で品物を選べるか
生活環境面	□店までどのくらいの距離があるか □トイレやエレベーターは使えるか □車いすが走行するスペースはあるか □歩行や車いす走行に危険な場所はないか
心理面	□外出や買い物に意欲はあるか □人と会うことを嫌がっていないか

（2）　金銭の取り扱い

　買い物を代行したときなど、つり銭が合わないなどというトラブルもあります。金銭の取り扱いはもっとも気をつけなければいけないことの１つです。利用者が支払いなどをできる場合は本人に行ってもらいます。介護者が金銭を取り扱う場合は、次の点に注意します。

買い物の際の金銭の取り扱い

●買い物をしたときは領収証やレシートとつり銭をきちんと見せて納得してもらう

●必要があれば、後で家族が確認できるように所定のノートにレシートなどを貼りつけ記録しておく

調理の支援

（1）　食事の大切さ

　人は毎日の生活に必要なエネルギーを食物からとっています。そして何をどうやって食べるかということは体調に直接影響します。食べ物を飲み込むことがむずかしくなった高齢者が、調理の工夫とていねいな介助によって自分で食べ続けたら体調が回復したとか、同じようなケースで点滴や胃ろう（口から食事をとれなくなった人の胃に穴をつくり、チューブを通して栄養を補給すること）といった医療的な方法に切りかえたら意欲や気力が低下してしまったということがあります。それだけ「食べる」ことは身体にとって大切なことなのです。

● 1日の食事（栄養）の必要量

　日本人の食生活が豊かになったことで、塩分や脂質のとりすぎといった傾向があります。また、一人暮らしの高齢者のなかには、調理する量が少ないことから複数の材料を使えず栄養バランスが偏ったことでいつの間にか栄養失調になっていたというケースもあります。毎日の食事を見直すことは誰にとっても必要なことです。

第6章　介護技術の基本

（2）　調理の支援について

　調理も利用者自身の考えによってすすめるのが基本です。何をつくりたいのか、何を食べたいのかよく聴きながら、献立を一緒に考えます。立っていることができて、包丁も使えれば、材料を切ってもらったり、炒めたりすることを一緒に行います。低い台があれば、座って切ることもできます。立っているのが不安定な利用者の場合、座ってジャガイモの皮むきをしたり、味見をしてもらうことなどを頼んでみましょう。盛り付けをしたり、皿や箸を並べてもらったりするなど、無理せず少しずつやることを増やせるようにします。

● ガス器具や電化製品の取り扱い

　ガス器具や電化製品を使用するときは、安全確認をしてから使用します。

● 認知症の利用者の場合

　認知症の利用者でも上手に包丁を使えることは多いのですが、火を使っているとき、うっかり熱い鍋に触ってしまう事故もありますので、安全に調理してもらうために見守りは欠かせません。

● 食品の保存期間

　食品や料理を冷蔵庫に入れておけば、いつまでも日持ちがすると考えている高齢者もいます。冷蔵庫のなかには賞味期限切れの食品や腐っているものが入っている場合もよくあります。むやみに捨てることはできませんが、食べれば健康被害が出ることも考えられるので、利用者によく説明しながら廃棄する必要があります。

調理の支援を行う前のチェックリスト

身体面	□歩行できるか（ふらつくようなことはないか） □立った状態（立位）でいられるか（ふらつくようなことはないか） □上肢（手や腕）の機能はどうか
日常生活動作等	□包丁など調理道具を使うことができるか □ガス器具や電子レンジを使うことができるか □食べ物を適切に保存できるか
環境面	□調理台の高さは合っているか □ガス台のまわり（火気）は安全か □動線上に危険なところはないか（段差、床に物が置いてあるなど）
心理面	□調理をする意欲はあるか □何でももったいないと考えていないか

栄養と栄養素

　身体に必要な物質を「**栄養素**」といいます。体内にとり入れられた栄養素は、身体を構成する物質に変わります。各栄養素は複数が関わり合って働くので、どれが欠けても代謝が円滑に行われません。

図表6－1　5大栄養素

炭水化物	ブドウ糖・デンプン・食物繊維など
脂質	動物性・植物性脂質
たんぱく質	動物性・植物性たんぱく質
無機質（ミネラル）	カルシウム・ナトリウム・鉄・カリウムなど
ビタミン	ビタミンA・B$_1$・B$_2$・C・D・Eなど

（3）　食事をとる

　食事はおいしく楽しみながらとれるように配慮します。過食・偏食を避け、バランスのとれた規則正しい食生活を維持することは、誰にも通用する健康生活です。食事は個人の嗜好が大きく影響しますから十分に相談し

第6章　介護技術の基本

ながら見直します。

　以下に、病気や症状に応じた一般的な食事の留意点をあげます。なお、病気や症状に応じた食事については、医師や管理栄養士の指導のもとで取り組みます。

●**糖尿病の人の食事づくり**

　糖尿病の人は食事療法をしている場合が多く、摂取カロリーが決められています。利用者自身が摂取カロリーを守れないこともありますが、食事づくりを依頼されている介護者はどのくらいのカロリーの食事をつくればよいのか把握しておかなければなりません。糖尿病では1単位（80kcal）にあたる食品の量を知っておくと調理がしやすくなります。

●**腎臓病の人の食事づくり**

　腎臓病の人の場合、カリウムやたんぱく質、塩分などの食事制限があります。カリウムは生の野菜や果物に含まれているので、野菜は下ゆでしたり、缶詰の果物を使うようにします。たんぱく質の制限は肉や魚だけでなく、卵や豆腐類にも及びますので、何をどのくらい食べられるのか専門職や家族によく聴きます。決められた塩分量を守って食事をつくると、味つけに物足りなさを感じることもあるので、香辛料や酢などを使って工夫をします。

●**高血圧症の人の食事づくり**

　高血圧の人の場合、塩分などの食事制限があります。野菜中心の献立にするなどの工夫が必要です。

●**特別食**

　生活習慣病とは、食生活、運動、休養、喫煙、飲酒などの**生活習慣によって起こる疾患群**のことです。**糖尿病、脳血管障がい（脳血管疾患）、高血圧症、脂質異常症、がん**などがあります。生活習慣病の予防には、運動を

行い、献立にも注意して肥満にならないように気をつけることが大切です。

　高齢者にとって生活習慣病は介護を受けるようになる原因の1つです。自立した生活ができなくなるおそれがあるので、特に注意が必要です。

調理の際の注意点

●義歯（入れ歯）への配慮

　義歯がうまく合わず義歯の使用を嫌がる場合、やわらかめに調理します

●嚥下障がい（困難）への配慮

　食物や飲み物がうまく飲み込めない嚥下障がいの人には、状態に応じて**きざみ食**（料理を細かくきざんだもの）や**流動食**（ミキサーなどですりつぶしたもの）を提供します（P.212参照）。ただし、細かくきざみすぎるとかえって飲み込みにくくなることもあるので注意が必要です。医師や歯科医師、管理栄養士、言語聴覚士（ST）の指導も受けます

●味付けの工夫

　塩分を控えながらも、香辛料等で味に変化をつける工夫をします

●見た目の工夫

　食欲をそそるように盛り付けや食器などを工夫して、食事を楽しめる雰囲気をつくります。嚥下障がいの人の食べる意欲も刺激できます

●衛生管理への配慮

　食品、調理器具の取り扱いには、衛生面での十分な配慮が必要です。また、調理する人の手指や衣服の衛生、体調管理も重要です。食中毒を予防するためにも、食品の保管・保存への配慮をしましょう

第6章　介護技術の基本

洗濯の支援

（1）　衣服の意味と役割

　衣服にはいくつもの大切な機能があります。まず身体を保護する役割があります。外界の刺激から皮膚を守ります。そして保温や除湿など温度変化に対する緩衝性も重要です。きれいに洗濯された衣服を着ることで感染症を防ぐといった衛生面での環境改善も期待できます。

　また朝晩に寝間着と普段着に着替えることは、寝たきりや室内での生活時間の長い人にとっては特に生活リズムをつくる上で有効なことです。

　衣服選びには好みがあります。おしゃれをすることは生活意欲を高めるよい刺激となります。本人の意志を尊重しましょう。

（2）　洗濯の支援について

　病気や下肢（足）筋力の低下がきっかけで洗濯をしなくなっている人もいます。洗濯に関しても、ほんの少しのことでもできることを一緒にするようにします。例えば、洗う前の洗濯物の仕分けをする、洗濯するものを洗濯機に入れてボタンを押す、洗濯物をハンガーにつるす、乾いた洗濯物を座ってたたむなど作業の一部分でも利用者ができることを一緒に行いましょう。洗濯の仕方1つをとっても、それぞれ慣れ親しんだ方法があります。洗濯の仕方、干し方、洗濯物のたたみ方など、利用者の話を聞き、支援します。

176

第1節　家事援助

● 認知症の利用者の場合

認知症が進行すると、洗濯機の使い方がわからなくなって洗濯ができなくなることもあります。もともと使っていたものなら使い続けることができる場合もありますので、安易に買い替えないほうがよいでしょう。何もかもできなくなるわけではないので、できることを探します。

● 介護者が洗濯をする場合

介護者が洗濯をするときは、色落ちするものや衛生面から一緒に洗わないほうがよいものなどを考えて仕分けをします。ドライクリーニングと表示されていたり、洗濯により変形や縮みの心配があるものは水洗いを避けたほうがよいでしょう。洗い上がった洗濯物は、しわをのばして干します。干し方やたたみ方に利用者のこだわりがある場合もあります。利用者によく聴いて行います。保管場所は利用者が決めた保管場所があるので、それを守ります。自分の取りやすい場所ということで、床や畳の上に直接置いてあることもあります。足をとられたり、つまずく危険があるようだったら利用者とよく相談します。

第6章　介護技術の基本

洗濯の支援を行う前のチェックリスト

身体面	□立った状態（立位）でいられるか □座った状態（座位）は安定しているか □歩行できるか（ふらつくようなことはないか） □上肢（手や腕）の機能はどうか □視覚の状態の確認
日常生活動作等	□洗濯機を使うことができるか □たらいや洗面器で手洗いができるか □適切な洗剤の量がわかっているか □洗濯物を干すことはできるか □洗濯物を取り込むことができるか □洗濯物をたたむことはできるか □たたんだものを保管場所にしまうことができるか
環境面	□洗濯機はどこに置いてあるのか □洗濯物をどこに干すのか □たたんだ洗濯物をどこにしまうのか
心理面	□洗濯をする意欲はあるか

洗濯の際の注意点

●洗濯する前に汚れの程度や色物などで分ける

●洗濯機にはいろいろな機能があるので、取り扱いに慣れておく

●衣服タグにある洗濯水の温度表示を守る

●ドライマークのあるものや水洗いの禁止の表示には特に気をつける

●石けんや洗剤、補助剤の使い方や組み合わせを利用者に確認する

●ゆかた、寝間着など形の大きなものは、大きなネットに入れて洗う

●しぼりや脱水が強すぎないよう気をつける

●クリーニング店に依頼するときは利用者が信頼している店に出す

（3）　寝具の清潔

　寝具が汚れていると床ずれなど、重大なトラブルの原因になるので、つねに清潔を意識しましょう。シーツや包布（布団カバー）の洗濯は衣服と

第1節　家事援助

同様の取り扱いで行います。敷布団やかけ布団、毛布などはできるだけ湿気を取り除き、乾燥させます。

　ベッドや布団などの寝床は1日のなかでも長い時間を過ごす場所です。気持ちよく寝て疲労回復できることは健康のために大切な条件となります。また寝たきりであったり、病気のために日中も寝ている時間が多い人にとってはそこが生活の場にもなるため、快適さばかりではなく、安全性なども考えなければなりません。

（4）　寝床の特徴

　布団にもベッドにもそれぞれの特徴があります。それぞれの特徴をとらえ、使い方を把握しましょう。

1. 布団（和床）

●良い点

　転落の危険がなく、歩行がむずかしい人も腕などの上半身の力を使って移動することができます。

●困難な点

　布団の上で座った姿勢（座位）を保つことはむずかしいことです。高さがないので車いすへ乗り移ること（移乗）がむずかしく、介護者は低い姿勢になるため負担にもなります。また床に限りなく近いため、ほこりなどをかぶりやすくなります。

2. ベッドや電動ベッド

●良い点

　通気性が良く、ほこりもかぶりにくくなります。電動ベッド（P.180参

179

第6章　介護技術の基本

照)の背上げ機能などを使い、座った姿勢(座位)が簡単に保てます。ベッドの高さを使ってベッドからの立ち座りがしやすくなります。ベッドの高さがあるため介護者にとっても介助がしやすくなります。

●**困難な点**

転落の危険性があるため、ベッド柵などの取りつけが必要です。

電動ベッド

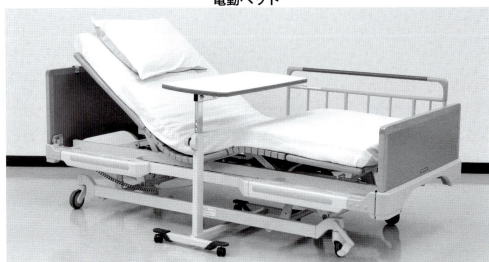

(5) 寝具を整える

寝具は汗や髪などで汚れます。不衛生な寝具は不快なばかりか、感染症やシーツのしわが褥瘡(床ずれ)の原因にもなるため、清潔を保つことが大切です。シーツをたたむときや整えるときはしわができないように気をつけましょう。

第1節　家事援助

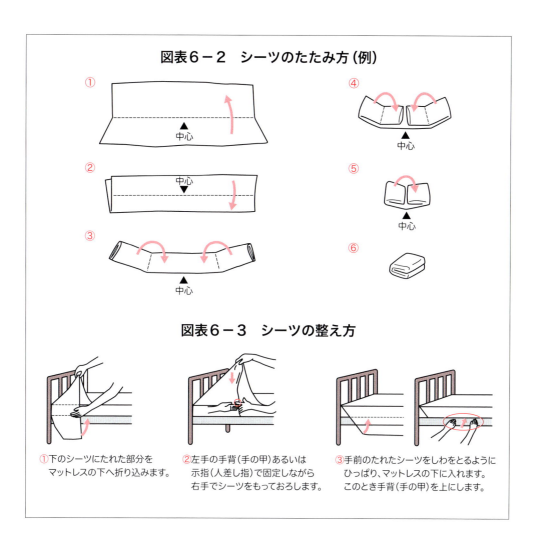

第6章　介護技術の基本

掃除の支援

（1）　掃除の支援について

　利用者の生活方法、生活習慣を把握することが重要です。人それぞれに生活習慣や価値観は多様です。そのちがいをよく把握して掃除や片づけなどの支援を行いましょう。

　掃除機をかけるときやほうきで掃くときは腰を曲げた姿勢になるため、掃除を辛く感じる高齢者もいます。風呂掃除も中腰になるので、できないと訴える人もいます。腰を曲げたり、中腰にならずにすむように柄の長い掃除道具を使うなどの工夫ができます。掃除をしない状態のままでは健康面にも影響が出かねませんので、支援が必要です。介護者が行う場合、掃除機をかけていて置いてあるものを倒して破損させるなどということがないよう、ものを動かしながら行います。ものの置き場所が著しく変わってしまうと、あとで利用者が混乱することになるので、気をつけなければなりません。ものを片づけるときも、利用者と相談しながら行います。不要なものが捨てられずに置いてある家もあります。介護者にとってはゴミとしか思えないものでも、利用者にとっては大切なものかもしれないので勝手に捨てたりすることはいけません。捨てなければいけない状況であれば、利用者とよく相談してからにします。

●床拭き

　床を拭いたあとに水気が残っていると滑って転倒する危険性があります。拭いたあとは点検しましょう。

第1節　家事援助

● ゴミ出し

ゴミ出しは地域でルールが決まっていて、いつでも出せるとは限りません。近隣の人の協力も必要ですが、玄関先などに出しておくと収集してくれる自治体もあるので、調べておくとよいでしょう。

● 掃除機

室内の掃除で電気掃除機は一般的ですが、なかには体質的・精神的に電気掃除機を受け入れられない利用者もいます。例えば、「はたきをかける」「フローリングは水拭きし、和室は濡れ新聞とほうきを使う」という少し昔風の掃除習慣の人もいます。介護者がどのようなことでもできるとは限らないので、掃除方法は利用者と相談して決めましょう。掃除機のコードに足をからめて転倒することもあるので気をつけます。また、いろいろな洗剤や薬品に対して、アレルギー反応が現れる場合もあるので注意しましょう。

掃除の支援を行う前のチェックリスト

身体面	□立った状態（立位）でいられるか □腰を曲げた前屈姿勢ができるか □上肢（手や腕）の機能はどうか □歩行できるか（ふらつくようなことはないか）
日常生活動作等	□掃除機を使うことができるか □ほうきなどの掃除道具を使えるか □雑巾がけができるか（しぼる、拭く） □風呂掃除はできるか □ものを片づけることができるか □不要なものを選別して捨てることができるか □ゴミを選別することができるか □ゴミ収集日を理解しているか □ゴミを出しに行けるか
環境面	□掃除機は利用者が操作できるものか □掃除機やほうきは取り出せるところにあるか □ゴミ集積場所は利用者が行けるところか
心理面	□掃除をする意欲はあるか □整理・整頓する意欲があるか

第6章　介護技術の基本

● 室内の安全管理

　掃除や整理整頓は、快適で清潔な室内環境を維持するとともに、物につまずいて転倒することを予防するなどといった安全面においても重要です。

> **室内の安全管理**
>
> ●整理整頓を行い、転倒防止を心がける
>
> ●冷暖房のための扇風機やガスストーブ、石油ストーブの取り扱いには十分に配慮する
>
> ●取り扱いが容易で安全性の高い器具や種類を選び、火事ややけどになることを防止する

　介護職ができない支援でも市町村のボランティアサービスや民間の家事代行サービスで行っていることがあります。地域のさまざまなサービスを調べてみるとよいでしょう。

第2節 移乗・移動の介助

第2節　移乗・移動の介助

ここを学ぼう！
- 寝返り介助（体位変換）を理解する
- 安心な移乗・移動で利用者の生活・行動範囲が広がることを理解する
- 車いすの扱い方について理解する
- 車いすなどを使用した歩行介助を理解する
- 移乗・移動介助の基本を学ぶ

1　寝返り介助（体位変換）について

（1）　寝返り介助で観察すること

　高齢者の場合、少しの間でも身体を動かさないでいると筋肉が萎縮したり、認知症になるなどして、それが廃用症候群（P.80参照）につながります。
　寝返り介助（体位交換） をすることによって、血液の循環を促進し、むくみ（浮腫）や褥瘡（床ずれ）を予防します。また、肺を広げて呼吸をしやすくし、心肺の機能を高めることにもつながります。

1．観察ポイント
①介助の前
　皮膚の傷や褥瘡はないか、事前に確認します。吐き気やめまいなどの体調の変化に注意しながら介助に入ります。

②介助の後

第6章　介護技術の基本

　顔色や表情を見て身体の状態を確認します。寝た状態から座る姿勢に起こしたときはめまいがないかなどに注意します。

基本的な介助（体勢を換える）①寝ている姿勢から横向きになる

A、Bの介助を2人1組でやってみましょう

A　仰向けに寝て手足を広げた状態で横向きに介助してみてください

B　仰向けの状態で膝を立てて胸の上で腕を組んで横向きに介助してみてください

AとBのどちらのやり方が楽に体勢を換えることができましたか？

基本的な介助（体勢を換える）②寝ている姿勢から起き上がる

A　仰向けで足が伸びた状態のまま、起き上がってみてください

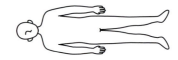

B　仰向けの状態で両膝を立てて横向きになり、手と肘（ひじ）をつきながら起き上がります

AとBのどちらのやり方が楽に起き上がれましたか？

利用者に起き上がりの介助をするときも同じように身体の自然な動きにそって行いましょう。

基本的な介助（体勢を換える）③座っている姿勢から立ち上がる

A、B、Cの介助を2人1組でやってみましょう

A　いすに座った状態で足を前に出したまま立ち上がる介助をしてください

B　いすに座った状態で額に指1本あてられたままで立ち上がってみてください

C　いすに浅く腰かけて両足を後ろにひき、上半身を前に倒しながら立ち上がる介助をしてみてください

A、B、Cのどのやり方だと楽に立ち上がることができましたか？

第6章　介護技術の基本

基本的な介助（体勢を換える）④床に座っている姿勢から立ち上がる

①身体をひねりながら床に両手をつきます

②四つんばいになります

③どちらかの足を立てて安定した台やいすの上に両手をついて立ち上がります

　利用者を介助するときもこのような姿勢になるように介助をします。利用者の後ろ側から抱きかかえたりするよりも楽に介助ができます。

第2節　移乗・移動の介助

寝返り（体位変換）の介助

（1）寝返り介助の基本

寝返りをすることは、褥瘡（床ずれ）の予防に効果があります。

自分で寝返りできない人については2時間に1回は寝返り介助（体位変換）をして姿勢を変えます（**図表6－4**）。

図表6－4　仰臥位から側臥位（片まひの場合）

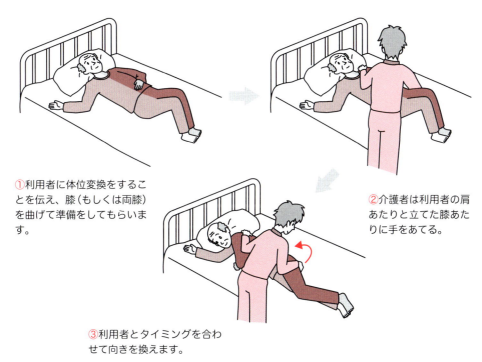

①利用者に体位変換をすることを伝え、膝（もしくは両膝）を曲げて準備をしてもらいます。

②介護者は利用者の肩あたりと立てた膝あたりに手をあてる。

③利用者とタイミングを合わせて向きを換えます。

※ベッド横に柵がある場合は柵を使い、自分で身体の向きを換えてもらうよう支援する

189

第6章　介護技術の基本

褥瘡の原因と危険

褥瘡（床ずれ）とは、身体の重みなどにより、身体の一部分が圧迫され続けることで皮膚が赤くなり、さらに潰瘍（皮膚などがただれる状態）や壊死（身体の組織などの部分的な死）に至る症状のことをいいます。同じ姿勢のまま寝続けたり座り続けることで起こります。ほかには、皮膚を不潔にしていたり、栄養不良、湿潤（ずっと湿気がある状態）などの原因があげられます。寝たきりの人、入院患者、車いすの利用者などに見られます。

褥瘡が発生しやすい場所

骨の出っ張っているすべての箇所や仙骨、肩甲骨、かかと、膝関節、頬など体重による圧力が集中しやすい箇所にできやすいのです。

図表6-5　褥瘡のできやすい場所

仰向けに寝ている場合
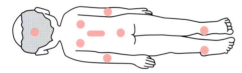

横向きに寝ている場合

仰向け（仰臥位）の姿勢のままでいると、身体の出っ張り部分（地面との接地部分〈後頭部、背骨、肘、ふくらはぎ〉）に体重がかかり、褥瘡の原因となります。

横向き（側臥位）の姿勢のままでいると、枕や寝床との接地部分（耳、肩、肘、手首、腰、膝の内側、くるぶし）に体重がかかり、褥瘡の原因となります。

図表6-6　褥瘡防止対策

褥瘡防止対策として、背中、腕、足の間にクッションをはさみます。

第2節　移乗・移動の介助

移乗や移動の介助について

（1）　移乗・移動介助の大切さ

　移乗や移動は、食事や排泄、入浴などの日常行為のもととなるものです。また、生活の自立にとってとても大切なことで、生きる意欲にも関わってきます。

　移乗の介助をするときは、利用者ができることは少しでも多く自分でしてもらい、自立に向けた介護を心がけましょう。

　介護者は可能性を探ることが重要です。介護者は理学療法士（PT）などの専門職の支援や連携のもとで介護方法を検討していきましょう。移乗や移動の行為は転倒や転落などの事故が起きやすいので、事故防止のためにも十分な情報や確認が必要です。

状況の観察

（1）　車いすの安全確認と扱い方

　車いす（P.192参照）は、移動するための道具ですから、扱い方を間違えると重大な事故につながります。転落や交通事故などの例もあります。介護者は扱い方を理解し、安全と安心を考えて扱うことが大切です。

第6章　介護技術の基本

車いすの部位の名前

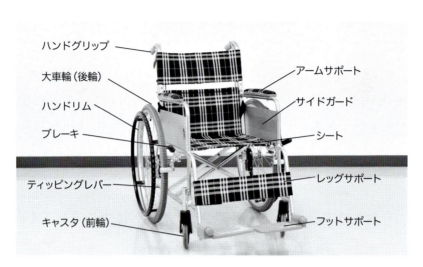

1．折りたたみ車いすの広げ方

　アームサポート（肘あて）をもって外側に少し広げます。そして、シートを押し広げます。乗る前にはフットサポート（足置き）が跳ね上げてあるかどうかを確かめましょう。乗るとき、足にひっかかり邪魔になるからです。また、アームサポートなどが動くタイプのものがあります。すべての可動部分が固定されていることを確かめましょう。

図表6－7　車いすの広げ方

①アームサポートをもって車いすを外側に開きます。

②シートに手を置き、車いすを完全に広げます。

2. 折りたたみ車いすのたたみ方

駐車用のブレーキがかかっていることを確認します。次にフットサポート（足置き）を跳ね上げます。シートの中央部分の下に手を入れてそれをもち上げるようにするとたためます。

図表6-8　車いすのたたみ方

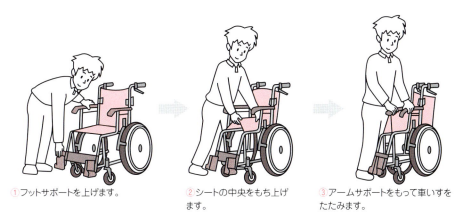

① フットサポートを上げます。
② シートの中央をもち上げます。
③ アームサポートをもって車いすをたたみます。

（2）移乗介助の確認ポイント

移乗などで身体を動かすことは不安定な体勢をとることでもあり、転倒することも考えられます。移乗は、立ち上がる、向きを変える、腰かけるといった一連の動作があるのでバランスを崩しやすいため、ふらつきや足の動きなどをよく観察し、必要があれば身体を支えるなどの介助をします。

（3）移乗する場所

移乗をする場所の安全や介助するためのスペースを事前に確認します。また、移動先まで車いすで通れるかどうかを事前に確認します。

第6章　介護技術の基本

移乗介助を行う前のチェックリスト

身体面	□現在の病気についての注意点 □寝返りをうてるか □起き上がれるか □立ち上がれるか □立ったままでいられるか □移乗できるか □歩行できるか □痛みがないか □座った状態（座位）でいられるか □手足の機能の確認 □視覚・聴覚の状態を確認	※第2節〜第7節までの共通事項
生活環境面	□ベッドの高さが合っているか □手すりや移動バーは適切な高さ・位置かどうか □杖や歩行器、車いすは利用者に合っているか □車いすの高さなどが合っているか	
心理面	□趣味や地域活動への参加などの楽しみがあるか □まわりの人との人間関係は良好か □まわりへの遠慮がないか □自分の身体状況に不安を感じていないか	

移乗介助の準備や確認

（1）　車いすの準備と点検

　車いすのグリップが抜けないか、ブレーキがかかるか、フットサポートがすぐ落ちてしまうことはないか、タイヤの空気圧は適正かどうかの安全確認をします。

　まひ側の手をからだの下に巻き込んだり、足を車いすにぶつけやすいので位置を確認しながら行います。

第2節　移乗・移動の介助

移乗の介助方法

（1）　移乗の介助

1．体調の確認

　ベッドや布団から起き上がって移乗することに問題がないか、利用者の体調を確認します。また、いつもの移乗方法でよい状態かどうかを確認します。

2．移乗の介助

● ベッドから車いすへの移乗

　急いで介助しようとすると、すねをぶつけるなど事故が起きやすいので、ゆっくりと安全確認をしてから行います。また、足の保護や立位を安定させるため利用者にはあらかじめ靴を履いてもらうとよいでしょう。

①車いすをベッドサイドにセットする

　車いすをベッドサイド（介護者の手の届く位置）にセットします（基本的に健側〈頭側〉にセットします。あまり近づけすぎると起き上がるときに利用者の足にぶつける危険性があります。

②起きることを利用者に説明する

　起き上がって車いすに乗ることを伝えます。

③ベッドに座る介助をする

「まずは膝を立てましょう」「柵につかまって横向きになります」と手順を説明しながら横向きになる介助をします。利用者に足を下ろすように伝え

第6章　介護技術の基本

ます。自力でおろせなければ介助します。肘をベッドについて上半身を起こしてもらいます。このとき、安定した姿勢がとれたかどうかを確認して靴を履いてもらいます。

図表6−9　ベッドに座る（片まひ〈左側〉の利用者で起こす介助が必要な場合）

④車いすを利用者のそばに近づける

利用者のふくらはぎの後ろにフットサポートが入るくらいまで接近させブレーキをかけます。

図表6−10　ベッドから車いすへの移乗

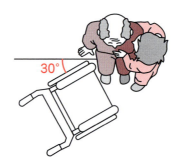

⑤座位から立ち上がりの介助をする

両足が床についていることを確認し、浅めに腰かけてもらいます。移動する方向を利用者に確認し、前傾姿勢をとってもらい、利用者に健側の手で車いすのアームサポート（肘あて）につかまってもらうよう伝えます。

⑥患側を支えて回転の介助をする

必要があれば、介護者は利用者の腰のあたりを支え、回転の介助をします（本人ができる場合は患側の腰に軽く手を添えてふらつきに備える）。

図表6-11　ベッドから車いすへの移乗

※車いすからベッドへの移乗の場合は車いすをベッドのサイドの足側につける

⑦体位を整える

座りが浅いときは、利用者の足が床についている状態で座り直してもらいます。

⑧足をフットサポートにのせてもらう

利用者ができない場合は、足首とふくらはぎを支えるように介助します。

> **寝具や車いすへの移乗の際の注意点**
> - 手足の位置、特にまひ側は身体の下に巻き込んだりぶつけやすいので位置を確認しながら行う
> - 急激な移乗は、起立性低血圧（立ちくらみなど）を招くため、利用者に声かけをして確認しながらゆっくりと行う
> - 座った姿勢が不安定な場合は、転倒防止のため介護者が身体を支えながら座り直してもらう

第6章　介護技術の基本

●腋の下をつかんだり、後ろで腋の下から手をまわして引っぱるような座り直しは内出血や痛みをともなうので行わない
●後ろからズボンを引っぱり上げる座り直しは行わない

車いすでの移動介助について

　座る姿勢（座位）になることで視野が広がり、外からの刺激も増えることになります。安全な移動や外出は、利用者の生活意欲を引き出し、活動性を高め、生活に広がりをもたらします。また、筋力低下を防ぐためにも利用者ができる動作は自分でしてもらいます。

状況の観察

（1）　移乗場所と移動先

　移乗や移動をするための安全や介助をするスペース確保と移動先まで車いすで通れるかどうか、利用者の状態の観察をします。

移動介助を行う前のチェックリスト

身体面	□共通事項の確認（P.194参照） □痛みがないか □座った状態（座位）でいられるか □手足の機能の確認 □視覚・聴覚の状態を確認
生活環境面	□ベッドの高さが合っているか □手すりや移動バーは適切な高さ・位置かどうか □車いすの高さなどが合っているか

第2節 移乗・移動の介助

心理面	□趣味や地域活動への参加などの楽しみがあるか □まわりの人との人間関係は良好か □まわりへの遠慮がないか □自分の身体状況に不安を感じていないか

移動介助の準備や確認

（1） 準備や確認

「5 移乗介助の準備や確認」（P.194参照）と同様に安全確認を行います。

外出する場合は、天気予報を確認し、急な天候不順に備えます（膝にかけるもの、おむつ、帽子、のどをうるおすための飲み物、レインコート、持病がある場合は薬など）。

外出先での連絡手段の確保のために介護者は携帯電話はかならず持参します。また、両手を自由に使えるように、荷物はリュックなどを使用します。

車いすでの移動介助の方法

（1） 車いす移動で気をつけること

事前の準備や安全確認を終えたら移動介助をします。

車いすを動かす前に利用者にかならずひと声かけます。聞きとりにくい場合は、肩を軽くたたくなどして合図を送るようにし、急に動かさないようにしましょう。車いすでの移動速度については利用者に確認します。

第6章　介護技術の基本

1．体調の確認

　ベッドや布団から起き上がって移乗し、移動することに問題がないかどうか利用者の体調を確認します。また、いつもの移動方法でよい状態かどうかを確認します。

2．移動の介助

①平地での走行

　適切な速度かどうかを利用者に確認します。

　溝などに前輪がはまると前転倒することもあるので避けて通るようにします。

②傾斜している道での走行

　傾斜している道での走行は車いすが谷側に傾いてしまうため、山側に向かって押すように介助します。

③上り坂

　上り坂では車いすのグリップをしっかり握り、前傾姿勢で押します。

④ゆるい下り坂

　ゆるい下り坂では進行方向に向かう状態で介助します。このとき、グリップをしっかり握り、重心を後方において軽く引く要領でゆっくりと下ります。

⑤急な下り坂

　車いすを進行方向に向かって後ろ向きにして介助します。このとき、利用者の重みを腰でしっかり受け止め、後方を確認しながら一歩ずつゆっく

りと下ります。

図表6－12　急な下り坂

前傾姿勢の利用者の場合は肩を起こす
ように軽く支えます。

⑥段差を下がる（電車やエレベーターの乗り降りのときなど）

　進行方向に向かって後ろ向きにして介助します。車いすのグリップを持ち上げて後輪からゆっくりと下ろし、そのまま後輪でバックし、前輪をゆっくりと着地させます。

図表6－13　段差を下がる

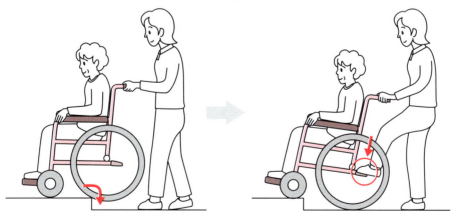

⑦段差を上がる（電車やエレベーターの乗り降りのときなど）

　段差の手前ぎりぎりまで近寄り、車いすのステップ（ティッピングレ

第6章　介護技術の基本

バー）を踏み込んでグリップを下に押すと前輪が持ち上がります。そのまま後輪で前進し、前輪が段差を上がりきったら着地します。

図表6-14　段差を上がる

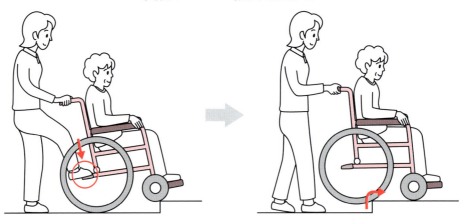

⑧でこぼこの道

段差を上がる、段差を下りるときの要領で介助します。

図表6-15　でこぼこの道

車いすで移動する際の注意点
● 車いすがなにかのはずみで動くこともあるので、グリップから手を離すときはかならず駐輪ブレーキをかける

第2節　移乗・移動の介助

●まひ側の足はフットサポートから落ちやすいので、車いすを動かし始めるときや走行中はフットサポートに足がしっかりのっているかを確認する

●アームサポートから肘がはみ出していると壁や柱の角などにぶつけるおそれがあるので、狭い道を通る場合などは、利用者の肘がぶつからないようにカバーする。あるいは「手を膝の上にのせてください」と声をかける

●アームサポートに両手をのせている場合、車いすごとテーブルに近づけようとしたときに、アームサポートとテーブルの間に手をはさんでしまうこともあるので、テーブルの上に手を出してもらい、車いすをテーブルに入れる。もしくは「手を膝の上にのせてください」と声をかける

第6章　介護技術の基本

11　歩行介助や福祉用具

（1）　歩行介助での福祉用具について

　利用者の安全な歩行介助（外出など）は、閉じこもりなどを予防し、身体の基本的な活動性を高めます。

　障がいにより一人での歩行がむずかしい人の場合、**福祉用具**などを使います。障がいの原因は下肢（足）のケガ、まひ、股関節などのケガや変形、リウマチなどの痛み、筋肉や関節がこわばる拘縮などがあります。

　福祉用具の特徴や使い方などを学んだ上で歩行介助を行いましょう。

12　状況の観察

（1）　歩行介助で気をつけること

　歩行ができる体調かどうか、利用者の状態などを観察します。

　また、介助するときはその場所に歩行を妨げるものがないか注意します。室内が散らかっていれば利用者の了解を得て片づけましょう。

第2節　移乗・移動の介助

歩行介助を行う前のチェックリスト

身体面	□共通事項の確認（P.194参照） □痛みがないか □手足の機能の確認 □視覚・聴覚の状態を確認
生活環境面	□杖や歩行器は利用者に合っているか
心理面	□趣味や地域活動への参加などの楽しみがあるか □家庭内での役割があるか □まわりの人との人間関係は良好か □まわりへの遠慮がないか □自分の身体状況に不安を感じていないか

歩行介助の準備や確認

（1）　準備や安全確認

　使用する福祉用具に不具合がないかどうかの安全確認をします。

　歩行介助の前に、利用者の靴がきちんと履けているかを確認します。介護者は、転倒に備えていつでも支えられる位置につきます。

　また、床に水がこぼれていたら拭き、物が落ちていたらすぐに片づけましょう。

外出をする前に準備しておくこと

●利用者の要望などに合わせた目的地を設定し、ルート確認をする

●同行者と待機者を検討する

●外出に必要な物品を準備する

第6章　介護技術の基本

（2）　福祉用具の種類と扱い方

　歩行のときに使用する杖(つえ)はいくつかの種類があります。また、杖の高さは利用者の体格に合わせて選び、調整して使用します。

図表6-16　杖の高さの決め方

大転子の高さ

杖の高さを調整するときは大転子（腰骨）の高さに合わせます。

図表6-17　杖の種類

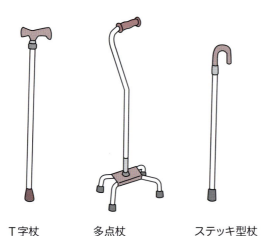 

T字杖　　　多点杖　　　ステッキ型杖　　　ロフストランド型クラッチ

T字杖	多点杖	ステッキ型杖	ロフストランド型クラッチ
体重の支持と不安や疲労を軽くするので、1人での歩行が可能な人も使用します。	杖の足が複数ついているので支持面積が広くなって安定感があります。	握りがU字になっている一般的な杖です。	握力が弱く、T字杖を使用するには力が不十分な人が使用します。前腕支持カフ、握り手、支柱が身体を支えます。

第2節　移乗・移動の介助

歩行介助の方法

（1）　歩行介助の基本

　介護者は、利用者が歩くペースに合わせて介助をします。身体の動かせる部分はなるべく使ってもらいましょう。歩行介助の方法は人によって異なります。杖歩行やつかまり歩行ができるのであれば、基本的には利用者の歩行を見守ります。1人で歩ける人に過剰な介助をすると、逆に不安定になる場合もあります。つまずきや転倒に備えて、いつでも支えられるように見守りましょう。

1．体調の確認

　歩行をすることに問題がないかどうか利用者の体調を確認します。

2．杖歩行の介助

①立ち位置

　介護者は基本的に杖側とは反対側でつき添います。歩行中、杖が正しく使用できているかを確認します。

※片まひのある人の場合は、視線が足元にいきがちで身体のバランスが傾きやすいため、ときおり視線を前方へ向けるように声かけをする

第6章　介護技術の基本

図表6−18　杖歩行（片まひ〈右側〉の場合）

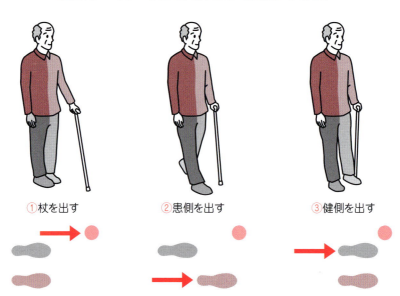

②階段の昇降

手すりがあればそれを使って昇降します。

階段を上るときは、**杖−健側の足−患側の足**、の順で上ります。また、階段を下るときは、**杖−患側の足−健側の足**、の順で下ります。

③つたい歩き

物につかまって移動する場合は固定されている物につかまりながら歩き、転倒しないよう気をつけます。状況や体調に応じて無理しないように歩行します。

④手つなぎ歩行

手つなぎ歩行には、いくつかの方法があります（P.209参照）。それぞれの特徴をとらえ、利用者に合った方法で介助をしましょう。

第2節　移乗・移動の介助

⑤シルバーカーを使用しての歩行

　シルバーカーは方向転換がしにくいので、方向転換のときは介護者が軽く補助をします。また、シルバーカーを使い慣れている人の場合は手を貸すと逆に安定性を失うので、見守ります。

※車いすを手押し車の代わりにする場合は、ハンドブレーキがついているものを使用し、ブレーキをこまめにかけながら前進する。ハンドルに体重をかけがちなので、介助者は車いすが前に突進しないようにスピードを調整する

手つなぎ歩行介助の種類

●横に並んで腰を支えて歩く方法

　利用者が介護者の腰に片手をまわして支え、片方の手は利用者とつないで並んで歩く方法

●片手をつないで歩く方法

　利用者は介護者の横に並び、介護者の片手をつなぐ方法。利用者にとっては安心感のある方法だが、転倒時にはすぐに支えられない

●向き合って歩く方法

　利用者と介護者が向き合い、両手をとって介助をする方法。歩行時、利用者の視界をふさいでしまう。また、利用者の姿勢は前屈みになり、介護者に引っ張られるようなかたちとなるので歩く姿勢としては理想的ではない

第6章　介護技術の基本

歩行介助の際の注意点

●利用者の後ろ側からの急な声かけは、驚いて転倒することもあるのでしない

●外出時は自転車や子どもの急な飛び出しに注意する

●階段の昇りでは利用者の後方に、下りでは利用者の前方について転倒に備える

●段差や障害物など、どこに何があるかを利用者に声かけをする

●台車などの動きやすい物にはストッパーをかける

第3節　食事の介助

- 食事は利用者の楽しみの１つであることを理解する
- 食事介助の基本を学ぶ

食事の介助について

（1）食事の意味

　食事をすることは生きていく上で欠かせないものです。家族や仲間との食事は楽しくて心が満たされるものでしょう。また、ベッドから移動して食事をとることは、**気分転換**や（1日の）**生活リズムをつくること**にもつながります。また、食事は人によってそれぞれの**食習慣**があります。

　日中にベッドなどで静養している時間が長い人も、食事のときはいすに移り、食卓で食べるのが基本です。それが**生活リズム**をつくり、生きる意欲を高めるからです。介助をするときは、利用者（支援が必要な人）の食習慣を尊重することが大切です。食習慣は赤みそ、白みそといった食材の種類や味つけから献立の組み合わせなどさまざまです。

第6章　介護技術の基本

状況の観察 2

（1）　食習慣、食事制限、身体機能の状況などを観察する

　本人の嗜好や習慣を理解して、できる限り満足できる食事となるようにします。安心して食事ができる環境を整えることも大切です。

　また、高齢者の場合、身体機能の低下から食べ物をうまく飲み込めない誤嚥や窒息などの危険性があるので注意をし、利用者の状況をよく観察しましょう。

食事の形状の種類

●普通食：普通に炊いたご飯とおかず（きざむなどの手を加えていない状態）

●きざみ食：咀嚼や嚥下に障がいがあるなどの理由や、片まひなどが原因で食べ物を小さく分けたりするのが困難な場合にきざんで提供する

※嚥下困難な利用者は、細かくきざむとかえって飲み込みにくくなることもある

●ペースト食：食べ物をミキサーにかけ、ペースト状にして嚥下困難な利用者に提供する

●ゼリー食：ゼラチンでやわらかめに固めたもの。介助するときはひと口大のまま口に入れる

※寒天は気道につまったときに溶けず、窒息する恐れがあるので使用しない

（2） 食事・水分の摂取量

エネルギーの所要量（摂取カロリー）は年齢や体格、活動のレベルなどによって異なるので、利用者の状態をよく知り、個別に設定します。

水分は1日2,500mlくらいが必要といわれていますが、飲料水として摂取するのは800～1,200mlくらいです。

（3） 治療食

さまざまな病気をかかえた利用者の場合、適切な食事を提供しなければなりません。治療食を必要としているならば、どのような食事かを確認しておくことが必要です。複数の人に食事を提供している施設では、治療食を食べている人も多いので配膳を間違えないようにします。

● 糖尿病の治療食

血糖を正常にコントロールするためにカロリーを指示されていたりコレステロールを制限した食事になっています。

● 慢性腎不全の治療食

摂取エネルギーを減らさず、たんぱく質の量が制限されます。ナトリウムやカリウムなどが制限されるので塩分や生野菜の摂取には気をつけます。人工透析になるとたんぱく質の制限は緩和されますが、水分や塩分の制限はきびしくなります。

（4） 誤嚥と誤嚥予防

嚥下とは、飲み込む動作のことです。高齢者は、歯の喪失や飲み込みで

第6章　介護技術の基本

つかう筋肉の働きが低下するなどの理由でうまく飲み込めなくなり、気管に食べ物が入って誤嚥の原因となります。

脳梗塞やパーキンソン病の利用者、抗精神病薬の服用、長期間寝たきり状態などの利用者は、嚥下障がいが起きる可能性があるので、十分な注意が必要です。

● **水分でむせる場合**

ぬるめのお茶などは十分認識されず誤嚥しやすいので、冷たいかやや熱いくらいのほうが誤嚥しにくいといえます。ほかに牛乳のようなとろみのある飲み物を提供します。とろみがあったとしても柑橘系のすっぱい飲み物はむせます。

● **食べ物でむせる場合**

パンやカステラなどのように水分が少なくパサパサしたもの、もちやのりなどは誤嚥しやすいので、注意が必要です。茶碗蒸しのようなプリン状の食べ物などとろみのある状態にしたものは嚥下しやすいです。

● **誤嚥予防の工夫**

お茶やスポーツ飲料などはゼラチンを使って固めます。パサパサしている食べ物は、片栗粉などを使ってあんかけにするなど工夫します。

誤嚥性肺炎

　高熱がでたり激しい咳などの著しい症状はなく、元気がなくなりぼーっとしている、失禁するようになった、などの症状でも誤嚥性肺炎だったりするので変化を見落とさず、医師の診察を受けるようにする。高齢者で一度誤嚥性肺炎になったことがある人は気道粘膜の感受性が低下して、誤嚥してもむせにくくなるので注意が必要である。

第3節　食事の介助

食事介助を行う前のチェックリスト

身体面	□共通事項の確認（P.194参照） □視覚・聴覚の状態はどうか □食べ物を認知できるか □座った状態（座位）をとれるか □咀嚼能力があるか □嚥下機能はどうか □頭の位置が安定しているか □箸・スプーンを使えるか □食べ物を口まで運ぶ腕（上肢）の機能があるか □残歯・入れ歯の状態は良好か
生活環境面	□食堂の明るさや室温が食事に適しているか □食事の形状が合っているか □食器・箸・スプーン・自助具が合っているか □一緒に食べる人は誰か
心理面	□食べ物の嗜好・味つけの嗜好の確認 □まわりの人（家族・職員・同じ施設の利用者など）との人間関係はどうか □生活のなかでの楽しみはあるか □外食などの希望はあるか

食事介助の準備や確認

（1）　食事のときの姿勢

　食事は、できるだけ座った姿勢（座位）で行います。背すじをのばし、ややあごを引いた姿勢は、食べ物がのどを通りやすく、嚥下しやすくなります。反り返ったり、前かがみになりすぎないようにしましょう。

第6章　介護技術の基本

図表6－19　食事の姿勢

両足がしっかりと床についているか、利用者のからだとテーブルの間に適度なすきまがあるかなど、テーブルやいすの高さや距離も注意するポイントです。

● ベッド上での姿勢

　ベッドを30度くらいギャッジアップ（ギャッヂアップ）し、頸部（首）を曲げた状態が誤嚥しにくい姿勢です。

● 介護者の適切な姿勢

　いすなどに座り、利用者と同じ目線になるくらいの高さで介助をします。立ったままでの介助では利用者にとって不愉快でもあり、また、利用者の頸部が伸びた姿勢になるので誤嚥しやすくなります。

　まひがある場合は、まひのない側から介助します。どうしても背を上げられない状態なら横向きの姿勢（側臥位）で食事をします。

● 食事に意識を集中させるように環境を整える

　テレビを見ながらの食事は、テレビに注意がいってしまい咀嚼や嚥下に影響します。また、食事中に話しかけられるとしゃべろうとして誤嚥することもあるので、口のなかに食べ物が入っているときは、話しかけず食事に集中してもらいます。

● 胃からの逆流予防のため食後はすぐに横にならない

　食後しばらくは、嘔吐しないように腹部を圧迫しない姿勢で起きているようにします。

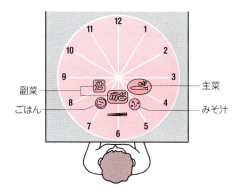

図表6−20　クロックポジション

視覚障がいがある利用者の場合は、食事をする前に位置を確認できるように説明しましょう。そのとき、時計の文字盤にたとえて位置を説明する「クロックポジション」を用いるとよいでしょう。

（2）　自助具

食事で使用する自助具（先割れスプーンやバネつき箸など）を利用者の状態に応じて用意します。

図表6−21　自助具

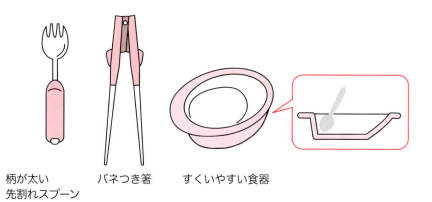

第6章　介護技術の基本

食事の介助方法 4

（1）食事をするときに気をつけること

　食事をするときは、できる限り利用者のもっている力を使ってもらいます。また、利用者の食事のペースや環境、好みなどを考え工夫をした上で食事介助をするように心がけましょう。

（2）　調理の工夫と食事介助

　調理においても食べるための工夫ができます。片手で食べるなら、食べやすい形にカットして調理をしたり、フォークや箸で刺しやすい献立にすることもできます。家族の食事と一緒に調理するなら食事用のハサミを用意しておき、食べやすいように小さく切るのもよいでしょう。

１．体調等の確認
　起き上がっての食事に問題がないかどうか利用者の体調を確認します。

● 尿意・便意の確認をして必要な場合は排泄の介助をします。

● 利用者に食事であることを説明し、確認します。

● 入れ歯の装着の確認をします。

● 手洗いまたはおしぼりで清潔にします。

● 姿勢を整えてもらい、テーブルの高さなどを食べやすいように整えます。

● 食事を配膳します。

第3節　食事の介助

2．食事の介助

●食事をとるテンポ

無理のない早さにして利用者に合わせます。咀嚼・嚥下の状態を観察しながら介助します。

●食事の姿勢

食事前に整えた姿勢が崩れていないかどうかを観察します。

●水分をとる

食事の前に口のなかをうるおしておきます。お茶や汁物はこぼしてやけどをすることもあるので置き場所に気をつけます。

①食事の介助をする

まひがある場合は健側から介助をします。

●声かけ

声かけをして食事であることを伝え、意識がしっかりしていることを確認し、メニューの説明などをします。

●ひと口当たりの量

量が多すぎるとのどにつまったりし、少なすぎると口に入ったという感覚がわからないので、ティースプーン1杯分を目安として介助します。

※むせた場合（P.266参照）は、特に高齢者では完全に詰まってしまってもまわりに知らせることができない場合があるので、飲み込みだけでなく呼吸や表情、動きに注意する

●食べた量の確認をする

どのくらいの量を食べたか、食べ残した品物とその量を確認して後で記録をします。

3．食後

胃からの逆流を防ぐために食後20～30分は横にならないようにしま

219

第6章　介護技術の基本

しょう。食べた物を吐き出さないように腹部を圧迫しない姿勢で起きているようにします。

①下膳する

②楽な姿勢をとる

③薬を飲む介助をする（食後に飲む場合）

　薬を用意し、水または白湯（お湯）で飲みます。くれぐれも飲む薬、時間、量などを間違えないように気をつけます。

④歯みがきやうがいをする

　歯みがきセットを用意し、洗面所へ移動して歯みがきをしてもらいます。

⑤食事の状況を記録する

　食事の量や食べ残した品物、本人の様子を記録します。

第4節　排泄の介助

第4節　排泄の介助

ここを学ぼう！
・利用者の心理を理解する
・排泄介助前の準備や確認などを理解する
・排泄介助の方法を理解する

1 排泄の介助について

（1）　排泄と失禁

　排泄介助では、利用者の尊厳やプライバシーを守ることが大切です。利用者から排尿・排便の要求があったら気持ちよく対応してすみやかに用意をします。失禁することで「失敗してしまった」という利用者の精神面への影響もあります。利用者の排泄パターンを把握することで失禁を防ぎます。失禁をしても失敗をとがめてはいけません。また、利便性だけを考え、おむつを使用することで利用者の自尊心を傷つけ、生活意欲の低下につながることもあります。おむつの使用には十分な検討が必要です。ただ、まったくおむつを使わないことが必ずしもよいとは限らない利用者もいます。

排泄の訴え方
- トイレに行こうとするなど、自発的に排泄行動を始める
- 「トイレです」「ちょっと……」などと言葉で伝える
- そわそわする、身体をよじるなど行動で表現する
- 時間、生活などから排泄のタイミングを予測する

221

第6章　介護技術の基本

状況の観察 2

（1）　排尿

　尿から身体の状態を読み取ることができるので、排尿時には尿の状態を観察します。

　尿は血液中にとり込まれた水分と老廃物が腎臓でろ過されてつくられます。つくられた尿は尿管を通って膀胱に溜められます。

　膀胱の容量はおよそ300～500mlで、150mlくらい溜まると膀胱壁が刺激されて脳に伝わって尿意を感じるしくみです。

一般的な1日の尿の回数と容量

●1日の尿の回数　昼間は5～7回、夜間は0～1回

●1日の尿の量　　1,000～1,500ml

尿の状態の観察

●色（無色、黄色、赤色、黄緑色など）

●状態（泡立ちがある、白っぽく濁るなど）

（2）　排便

　口から食べた物は、食道、胃、小腸、大腸を通って排泄されます。食べた物が便になるまでおよそ24～72時間ほどかかります。

　便から身体の状態を読み取ることができるので、排便時には便の状態を観察します。

一般的な1日の排便量

●1日の便の量　　100～200g

便の状態の観察

●形状（半ねり粘土状、コロコロとしたウサギのフンのようなもの、下痢状、細くて軟らかいなど）

●固さ（固い、ゆるいなど）

●色（茶褐色、赤色、黒色など）

便秘と下痢

　便秘とは、一般的に3日以上排便がなく、不快感や苦痛を感じる状態をいいます。体調や生活習慣、食べ物の質や量によっても異なるので回数だけでは判断できません。

　下痢は、急性下痢と慢性下痢があり、急性下痢の多くは水っぽい便で回数が多く、食中毒、ウイルス性腸炎、感染性腸炎と関係します。慢性下痢は症状が継続したり繰り返し起こるもので腸の慢性炎症、大腸がんやポリープなどの場合があります。

　下痢のときは水分を多くとって脱水を防ぎます。電解質のバランスが崩れることもあるので、スポーツ飲料などをとるとよいでしょう。下痢が続くようなら受診します。

第6章　介護技術の基本

排泄介助を行う前のチェックリスト

身体面	□共通事項の確認（P.194参照） □痛みがあるか □見当識（時間、場所、人物の認識）の状態の確認 □座った状態（座位）でいられるか □手足の機能の確認 □視覚・聴覚の状態を確認 □トイレまでの移動ができるか □ズボンの上げ下げができるか □排泄の後始末ができるか
生活環境面	□トイレの広さ（車いすが入れるか） □便器の高さが合っているか □手すりの有無と位置の確認 □通路の幅の確認
心理面	□自分の身体状況に不安を感じていないか

排泄介助の準備や確認

（1） 排泄介助の環境を整える

　排泄をする環境を整えて安楽に排尿・排便ができるようにします。利用者を待たせないようにすみやかに準備をします。

（2） 清潔と感染予防

　利用者の清潔や感染予防に注意をします。介護者は介助をする前にかならずディスポーザブル手袋（使い捨て手袋）をつけます。

第4節　排泄の介助

排泄の介助の方法

（1）　トイレでの介助

排泄の要求があったら気持ちよく対応してすみやかに用意をします。基本的に、排尿・排便は座った姿勢で（便器に腰かけて）行います。利用者に声かけをするときはプライバシーに配慮した声かけをします。また、利用者の羞恥心に配慮します。

１．物品の準備

利用者の状態に合わせて必要なものを準備します。

おむつ類、新聞紙、陰部洗浄ボトル、ディスポーザブル手袋（使い捨て手袋）、使い捨て布、お尻拭き用ティッシュやトイレットペーパー、汚物袋、着替え（汚れた場合）、清拭用温タオル、軟こう薬等

● **介護者の手を温める**

利用者に不快な思いをさせないため、介助をする前に手を温めます。

２．排泄の介助

● **利用者に声かけをする**

「トイレに行きましょうか」と声かけをします。

● **利用者の状態に応じて介助をする**

１つずつの動作に対して声かけをしながら介助をします。

尿が出なかったり拒否がある場合は無理をせずに時間をおき、改めて声

第6章　介護技術の基本

かけをします。

● 車いすからトイレへの移乗（介助が必要な場合）

① 立ち上がり、体勢を整える介助をする

図表6－22

立ち上がりやすい位置に車いすをつける。車いすのブレーキをかけてフットサポートを上げて足を下ろす。利用者にトイレにある手すりにつかまってもらい、立ち上がりの介助をする。

② 身体を支えてズボンを下ろす介助をする

図表6－23

立ち上がった後、ふらつきや転倒をしないように利用者の身体を支える（特にまひ側）。移動動作の邪魔にならないよう足の位置を確認してから（接触防止のため）車いすをひいてどかせる。衣服が汚れないように膝下まで下ろす（立った姿勢が不安定な場合は片手でまひ側を支えて声かけをし、もう一方の手でズボンの上げ下ろしの介助をする）。

③ 座った姿勢をとる

便座に腰かけます。便座に座ったら姿勢を直して安定した体勢にします。

● 排泄をすませる

介助者は外で待機し、時間をみはからって声をかけます。状態によっては（認知症のためにすぐに立ち上がってしまう、座位が不安定など）利用

者につき添います。

● 尿が出ない場合

利用者に前傾姿勢になってもらうようにします。

● 便秘気味の場合

利用者にはまわりや時間を気にせずトイレに座ってもらうようにします。腹部を温めて「の」の字にマッサージをすると便が出やすくなります。

● 失禁している場合

失禁したときは衣服を着替え、陰部を洗浄します。

● 排泄をすませた後はトイレットペーパーで拭く

清潔動作を介助するときは衛生面上、かならずディスポーザブル手袋（使い捨て手袋）を使用します。拭くときは尿路感染防止のため、前から後ろに向かって拭きます。

● 立った姿勢で清潔動作をする場合

ふらつきや転倒をしないように身体を支えて、もう一方の手で拭きます。

● 皮膚や尿・便の状態を確認する

陰部や臀部（尻）の皮膚、排尿と便の状態を確認します（尿・便の色や量など）。

● ズボンを上げる

下着とズボンを上げます。ズボンを上げるときは、肌着（上衣）をパンツのなかに入れるかなどを利用者に確認します。

● 尿とりパッドを使用している場合

パッドのめくれや真ん中に当たっていない、はみ出しなどがあると排尿したときに衣服が汚れるのでかならず確認します。

● 排泄物の確認

排泄をすませた後は、尿や便の状態を確認しましょう。異常が疑われる場合はすみやかに報告します。

第6章　介護技術の基本

● 記録をする

　排泄の記録をしておくと異常があったときに発見しやすく、排泄パターンを読み取ることができます。

（2）　その他

● ポータブルトイレの介助

　ポータブルトイレとは、利用者の居室などに置いて使用する仮設のトイレのことで、いす型で便や尿を受けるトレイが付いています。臭いが出ないよう衛生的な管理が必要です。身体の状態や住宅事情でトイレまで行けないときに使用したり、夜間の暗闇で転倒を予防するため就寝時だけ使う場合もあります。プライバシーの確保などの配慮が必要です。

● 尿器での介助

　トイレやポータブルトイレに移動することができない場合、ベッド上などで使用します。尿器（しびん）には身体的な特徴から男性用と女性用があります。単純な構造ですが、使い方には慣れが必要になります。使いこなせば安易に紙おむつに頼らなくてすみます。使用前には尿器を温めておくなどの配慮が必要です。

> **排泄介助の際の注意点**
> ● 転倒、転落に気をつける
> ● 利用者の自尊心を傷つけないために言葉遣いや態度に気をつける
> ● 皮膚の状態を観察する
> ● 小さなサインを見過ごさないように注意深く観察する

第4節　排泄の介助

おむつ交換

排泄介助と同じように、利用者の羞恥心に配慮します。介助をするとき
はバスタオルやタオルケットをかけて肌の露出を最小限にします。

おむつ交換の方法

①物品の準備をして手を温める

②利用者に声かけをしてベッドまたはおむつ交換ができる場所（トイ
　レなど）へ移乗介助をする

③介助をするための準備をする

④利用者に声かけをしてズボンを下ろす

⑤おむつ交換をする

⑥陰部・臀部（尻）の洗浄をし、拭く

⑦皮膚や尿・便の状態を確認する

⑧新しいおむつを装着し、ズボンを上げる

229

第6章 介護技術の基本

図表6-24 おむつの種類

タイプ	特長
パンツタイプ	下着のように履くタイプなので立ち上がっての着脱が簡単にできます。1人でも交換が可能です
パッドタイプ	尿モレが気になる場合、下着にあてます。パッドのみを交換すればよいので経済的です
おむつタイプ	使い捨てのテープタイプとおむつカバーを使用するタイプがあります

図表6-25 おむつのタイプ

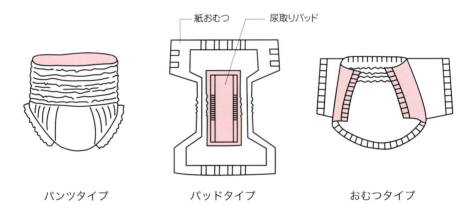

第5節 入浴と清潔の介助

 ここを学ぼう！

- 利用者には入浴の習慣が個々にあることを理解する
- 入浴が体調の悪化につながることもある
- 転倒は大きなケガにつながるので安全な介助方法を選択する
- プライバシーに配慮する
- 入浴と清拭、部分浴についての基本を学ぶ

1 入浴介助について

（1） 入浴の意味

　浴槽に湯を溜めて入るという入浴習慣は、日本人独特の文化です。入浴方法は、利用者の好みや長い習慣によるところが大きいものです。湯につかったり室温や湯の温度の影響により体調の変化が起こりやすく、十分な注意が必要です。また、浴室での転倒や浴槽で溺れる危険もあります。

　入浴の介助は「入浴は利用者の楽しみの1つ」であることを理解し、そのためにも事前の準備と安全な介助をします。まずは事前にバイタルサイン測定※をしましょう。

　　※バイタルサイン測定とは、バイタルサイン（生きているという意識レベルの体温、脈拍、呼吸、血圧）を測定し確認すること

　入浴は楽しいだけではなく、心身にさまざまな効果や影響を与えます（図表6－26）。

第6章　介護技術の基本

図表6-26　入浴による効果や影響

静水圧	浴槽につかることで下半身の静脈系の血液が静水圧を受け、心臓への血液環流が促進される。結果として各臓器や組織の血行がよくなり、酸素や栄養素の供給増加につながる
温熱効果	温水は毛細血管を広げ血液の流れを増加させる。温水によって温められた血液が全身に送られるので湯につかっていない部分までが温められる
浮力	湯につかっている部分が軽くなる。成人の場合は体重の10分の1になる
血液の変動	湯につかったときに血圧が上がり、湯から出たときに血圧が下がる。また、脱衣室に戻ると血圧が上がり、その後血圧が下がった状態が数十分続く
皮膚の変化	入浴すると皮膚の角質内に水分が浸透するが、湯からあがると皮膚は乾燥する

（2）　入浴の作用

　入浴には、下記のような作用があります。注意点を知っていれば未然に防げるものもあります。体調不良や事故が起きないように、利用者の様子をよく観察し、見極めることが重要です。

図表6-27　入浴の作用

入浴の よい点	血流がよくなることで身体の動きがよくなる 気分のリフレッシュになる人もいる 清拭などではきれいにできない部分まで洗うことができる
入浴の 注意点	血圧変動等で体調不良を引き起こす（心臓への負担など） 体力が消耗する 長湯をすると湯あたりを起こす 皮膚をこすり過ぎると皮膚を傷める 洗い場での転倒や浴槽で溺れるといった危険が多い 発汗などで水分を失う（脱水症状を起こす場合がある）

第5節　入浴と清潔の介助

状況の観察

（1）　浴室・脱衣場の準備

　入浴をする前に利用者の体調を確認します。入浴当日だけでなく、数日間の体調についても問題がないか把握しておきます。入浴ができる状態でないときは、清拭や足浴に切り替えます。また、入浴前に排泄をすませ、できるだけ空腹・満腹時の入浴は避けます。食事時間や入浴時間に配慮しましょう。

入浴介助を行う前のチェックリスト

身体面	□共通事項の確認（P.194参照） □座った状態（座位）をとれるか □入浴することで病気を悪化させることはないか □体力や病気との関係で湯の温度に制限はないか □衣服の着脱ができるか □洗い場までどのように移動するのか □自分で洗える部分はどこか □道具を使えば洗える部分はどこか □石けんやシャンプーの使い方や量がわかっているか □自分で浴槽をまたげるか □自分で浴槽を出られるか □湯につかったときの安定性はどうか
生活環境面	□脱衣室と浴室の温度差が大きくないか □脱衣室や浴室につまずくような物がないか □床は滑りやすくないか □シャワーチェアは安定しているか □アカスリやブラシは本人に合っているか □浴槽は利用者が安全に出入りできるような高さか
心理面	□清潔や入浴に関心があるか □入浴の順番を気にするか □「身体を洗う」と「湯につかる」順番の好みがあるか □「身体を洗う」の順番の好みがあるか □人に裸を見られることに抵抗があるか □つかる湯の温度に好みがあるか

233

第6章　介護技術の基本

入浴介助の準備や確認

（1）　入浴の準備と確認

①入浴に必要な物品を準備する

　シャワーチェア、滑り止めマット、ボディソープやシャンプーなどの洗剤、フェイスタオルなど入浴に必要な物品を準備します。

②入浴後に必要な物品を準備する

　着替え、タオルなど入浴後に必要な物品を準備します。

※脱衣所にはいすを準備する

③湯温や浴室内の温度を確認する

　適温かどうかを介護者自身の手でかならず確認します。湯温は季節や利用者の好みで異なるので利用者に確認します（目安として40℃前後）。急激な室内温度変化は血圧の変動を起こしやすいので、特に冬場は浴室内を温めておきます。

入浴介助の方法

1．体調などの確認

　ベッドや布団から起き上がって浴室に移動することに問題がないかどうか利用者の体調を確認します。また、いつもの入浴方法でよい状態かどうかも確認します。

第5節　入浴と清潔の介助

2．入浴の介助

● 入浴の準備をする

①利用者に入浴することを伝える

入浴への拒否が強いときは無理強いはせず、時間をおいて声かけをします。

②検温をする

基礎体温は人によって異なるので日ごろの体温を把握しておきます。必要に応じて血圧など、バイタルサイン測定をします。

③水分をすすめる

入浴前に、できれば水分をとってもらいます。

④トイレへの声かけをする

湯につかると腹圧がかかり排便をもよおすことがあるので入浴前に排泄をすませておきます。

⑤脱衣所に移動する

安定した状態で脱衣ができるようにいすに座って行います。

⑥脱衣の介助をする

衣服を脱ぐときは羞恥心に配慮します。また、脱いだ衣服は利用者の納得がいくように扱います。

⑦浴室に移動する

浴室の床は濡れて滑りやすくなっているので転倒しないように手すりに

235

第6章　介護技術の基本

つかまってもらったり、身体をすぐ支えられる位置でつき添います。

● **入浴する**

① かけ湯をする

　湯の温度を利用者に確認します。かけ湯は心臓に負担がかからないように足先からかけていきます。シャワーを使用する場合はシャワーの急激な温度変化に備えるため、自分の手をかざしながら利用者にかけます。

　※まひがある場合は健側で確認してもらう（まひ側は温度を感じにくいので注意する）

● **利用者に確認する**

　先に浴槽に入るか、それとも身体を洗うかどうかを確認します。

　※湯に何度もつかることで体調の変化をまねくこともあるので注意が必要

② 洗う

　基本的には上から下への順番で洗います。できるだけ利用者自身で洗ってもらい、できないところを介助します。

● **洗髪**

　耳に水が入らないように注意しながら湯をかけます。自分で洗い、介助者が仕上げをするといったように自立を意識した介助をします。洗い終えたらタオルで髪の毛を拭きます。

● **身体を洗う**

　なるべく本人に洗ってもらい、できないところを介助します。床に石けんの泡が残っていると転倒につながる危険もあるので十分に流します。

● **皮膚の状態を観察する**

　いつもとちがう状態のところはないかなどを確認します。

第5節　入浴と清潔の介助

③浴槽に入る

転倒に注意しながら介助します。浴槽内は浮力で身体が軽くなり、安定しません。浴槽内に滑り止めマットを敷いておくといった工夫もできます。手すりがあればつかまってもらい、姿勢が安定しているか確かめます。

- **いつでも支えられる位置について湯に入る介助をする**
- **湯につかっているときも全身の状態を観察する**

気分や意識の突然の悪化がみられる場合はすみやかに他者に応援を頼み、横になるスペースがある場所で利用者を休ませます。

④浴槽から出るよう声かけをする

長湯はのぼせなど貧血を起こしやすいので、湯につかる時間は長くても5分程度にします。

- **立ち上がり介助をして浴槽から出てもらう**

⑤シャワーチェアに座ってもらい、必要があれば上がり湯をかける

⑥簡単に水気を拭き取って脱衣所に移動する

⑦いすに座ってよく拭いてから着衣の介助をする

タオル等でしっかりと水気を拭きとって服を着る介助をします。

⑧体調の確認

のぼせていないか、疲れはないかなど、心身の状態を確認します。

第6章　介護技術の基本

３．入浴後

①ドライヤーで髪を乾かし整髪する

②水分をとってもらう

入浴時は水分がうばわれるのでかならず水分をとってもらいます。

③浴室や脱衣所の片づけをする

入浴介助の際の注意点

- 居室と脱衣所の温度差で脳出血等を引き起こすことがあるので脱衣所は居室と同じ24℃前後にする
- 長湯にならないよう利用者に声をかけ、早めに出てもらう
- 足ふきマットは動いたりしないように重いものにしてすべらないよう注意を促す
- 脱衣かごや脱いだ衣服、タオルを床に放置しない
- 必要な物品などは事前に準備して利用者から離れないようにする
- いすに座った状態で足を洗うときは、膝を曲げたまま足をもち上げる
- 浴槽内では浮力がついて浮きやすいので、手すりにつかまっているかどうかを確認する
- 脱衣所の床が濡れていたらすぐに拭きとる
- やけど防止のため、湯が直接あたらないように湯の出る蛇口から離れてもらう
- 脱水症の予防のため、入浴前後に飲み物を飲んでもらう

第5節　入浴と清潔の介助

図表6−28　入浴介助・浴槽に入る（介助が必要な場合）

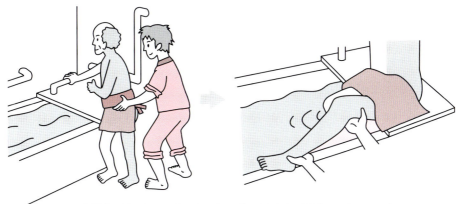

立った姿勢（立位）がとれる利用者であれば、手すりなどを使ってもらいます。
浴槽に入るときは、自由のきく健側から入ります。まひ側の足を支えるときは、足首と膝裏を支えます。

図表6−29　入浴介助・浴槽から出る（介助が必要な場合）

利用者が滑ったり転倒することを考え、いつでも支えられるように見守ります。
浴槽のなかで向きをかえ、健側から出る方法もあります。

その他の入浴介助（簡易浴槽）

　組み立て式や持ち運びできる簡易浴槽があります。これは訪問入浴サービスで使われています。家庭に浴槽があっても狭くて介助できないときも使います。

第6章　介護技術の基本

清拭介助について

清拭とは、身体を拭いて清潔にすることです。健康上の理由等で入浴やシャワー浴のできない人に行います。

清拭を行い、清潔を保つことで心身の気分転換にもなります。利用者にとって快適な清拭となるよう、準備や工夫をし、手際よく行いましょう。

清拭介助の準備や確認

（1）　清拭介助の観察ポイントや注意点

清拭は、羞恥心や疲労を考えて、手際よくすすめましょう。そのために準備と方法をしっかりと頭に入れましょう。

●室内環境

室温は24℃くらいに設定しましょう。すきま風が入らないよう、窓や部屋の戸は閉めます。また、カーテンなどでプライバシーに配慮します。

●時間帯

空腹時や食後すぐは、体調不良につながる場合もあるため避けます。冬季は日中の暖かい時間帯に行いましょう。

●排泄

清拭の前にすませるよう心がけましょう。

●コミュニケーション

清拭はコミュニケーションを深める絶好のチャンスです。1つの動作を行うとき、その度ごとに「次は右腕を拭きますよ」などと声かけをして、

240

利用者にも気持ちの準備をしてもらいながらすすめます。

● **終了後の観察**

　清潔な服を着たら、水分をすすめ休息してもらいましょう。そのとき皮膚や関節の異常といった清拭中に気づいたことを記録しておきます。

　異常などがあったら、関係者や家族に伝えます。

● **自立を促す**

　介護の目的は自立への支援です。ほんの一部でも、できることは自分でしてもらいましょう。ただ、入浴や清拭は疲労する上、時間がかかれば身体が冷えてしまいます。状況を見ながら支援をします。

清拭介助の方法

（1）　全身清拭

　全身清拭のおおまかな流れを把握し、快適な清拭ができるようにしましょう。

①準備

　必要な物品を準備します。カーテンを閉めるなどプライバシーに配慮し、室温調整など室内環境を整えたら、衣服を脱ぎます。羞恥心に配慮し、タオルケットなどを使って肌の露出をできるだけ少なくしましょう。

②湯の用意

　洗面器に2分の1ほど湯を入れます。温度は55℃程度。タオルを絞るときは、やけど防止のため厚手のビニール手袋をします。清拭の途中で湯

第6章　介護技術の基本

が冷めたら、熱い湯に交換しましょう。電子レンジを使って蒸しタオルをつくることもできます。

③拭き方

利用者が疲れないよう手際よくすすめます。タオルを絞り、冷めないうちに拭きます。適度な力でなめらかに拭きましょう。

図表6－30　用意するもの

④全身の観察

タオルで拭きながら、肌の健康状態などの観察をしましょう。

タオルの扱い方

清潔なタオルでの清拭は、心地よいものです。マッサージをするようにやさしく拭くことを心がけます。利用者の様子を見ながら、できることは自分でしてもらいましょう。

タオルの端が身体に触れると冷たさを感じるなどして不快です。端がでないようきれいに折りたたむか手に巻きつけて拭きます。

筋肉の向きにそって、血行を良くするマッサージをするように拭きます。

図表6－31　タオルの使い方（例）

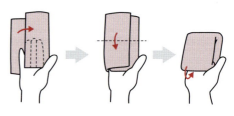

タオルは顔をきれいに拭くためのものです。
タオルの拭く面を替えながら拭きましょう。
タオルのたたみ方はさまざまです。
1つの例として学習しましょう。

（2） 各部位の拭き方

1．顔の清拭

両目の周りを目頭から目尻に向けて拭きます。感染症の予防を考え、左右の目でタオルの拭く面を替えたり、すすぎ直すといったことをしましょう。

口の周り、鼻の脇から頬にかけて、顎は内側から左右に向けて拭き、額、耳の後ろや裏を拭きます。

図表6－32
顔の拭き方

筋肉に沿って拭きます。同じところばかり拭かないように気をつけてタオルの拭く面を替えながら力を入れすぎずにやさしく拭きます。また、耳の後ろは汚れがたまりやすいのでていねいに拭きましょう。

2．手や腕の清拭

手首を下から支えて拭きます。

指は1本ずつていねいに拭きましょう。指の間は汚れがたまりやすい場所です。手のひら、手の甲を拭きます。腋の下、肘関節の内側も汚れをきれいに拭き取りましょう。

血行をよくするマッサージをするように拭きます。

3．腹部の清拭

乳房は円を描くように拭きます（**図表6-33**）。

腹部は腸の流れにそうように、拭きます。整腸のマッサージをするように拭きます。

第6章　介護技術の基本

4. 背中の清拭

横向きで寝ている状態（側臥位）で、腰から肩に向けて大きな動作で拭きます。

背中や臀部（尻）は褥瘡ができやすい場所です。赤くなっている場所がないか観察します。

図表6−33　身体の拭き方

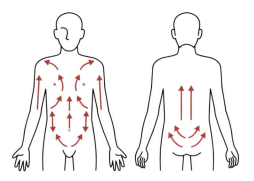

どの部位も利用者の様子を見ながらていねいに拭くことを心がけましょう。

5. 足の清拭

膝を曲げて「立て膝」の姿勢になってもらいます。足首や膝裏を手で支えながら拭きます。

股関節や膝の裏側は汚れがたまりやすいのでていねいに拭きます。

図表6−34　足の拭き方

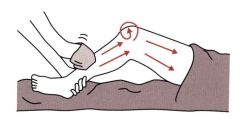

足は、汚れやすい部位でもあります。タオルの面を替えながらお湯でこまめにすすぎ、ていねいに拭きましょう。

手浴の効果と方法

手は汚れやすい部位です。感染予防のためにもつねに清潔を心がけます。

排泄後や食事前にも**手浴**をします。また、手浴にはマッサージ効果もあります。まひしている関節や筋肉をほぐします。

図表6-35 手浴

利用者の手を片方ずつていねいに洗います。手浴は利用者の気分転換にもなります。コミュニケーションをとりながら洗いましょう。

足浴の効果と方法

足浴をすることで足を清潔に保ちます。また、身体を温める効果もあります。足のみの入浴となりますが、利用者にとっては気分転換になります。

● 座った姿勢（座位）での足浴

足浴の準備をしてから利用者に足浴をする体勢を整えてもらいましょう。

図表6-36 足浴

タオルなどを使い、膝の下まで洗いましょう。湯のなかでマッサージをすると血行の促進にもつながります。

第6章　介護技術の基本

爪切りについて

　病変などがある場合（巻き爪など）の爪切りは医療行為となり、介護職や介護ボランティアなどはすることができません。厚生労働省では、以下の条件で行うことができると法解釈を通知しています。

　爪そのものに異常がなく、爪の周囲の皮膚にも化膿や炎症がなく、かつ、糖尿病等の疾患に伴う専門的な管理が必要でない場合に、その爪を爪切りで切ること及び爪ヤスリでやすりがけすることができる。

（通知文　一部抜粋）

洗髪（全介助の場合）

髪や頭皮は汗や脂で汚れやすく、ほうっておくとかゆみ、ふけ、臭いの原因となり、髪が汚れていると不潔なだけでなく、不快でもあります。洗髪すると気分も爽快になります。入浴できない人も寝たままで洗髪する方法もあります。

図表6-37 洗髪（全介助の場合）

第6章　介護技術の基本

第6節　衣服着脱の介助

ここを学ぼう！
- 着替えることは身体の清潔を保つことと生活意欲の向上にもつながる
- 衣服着脱の前に確認ポイントを理解する
- 衣服着脱の介助の基本を学ぶ

1 衣服の着替え

（1）生活リズムをつくり生活意欲を高める

　衣服を着替えることは身体の清潔を保つという意味もありますが、朝夕に寝間着と普段着に着替えることで日常生活のリズムをつくり、それが**生活意欲**を高めることにもつながります。

　着替えるタイミングは、朝夕と入浴時、清拭時、排泄や汗などで汚れたときや外出時などもすすめてみます。

2 状況の観察

（1）着替える場所

　着替えをするための安全や介助をするスペースの確認をし、利用者の状態の観察をします。

第6節　衣服着脱の介助

衣服着脱介助を行う前のチェックリスト

身体面	□共通事項の確認（P.194参照） □痛みがあるか □座った状態（座位）でいられるか □手足の機能の確認 □視覚・聴覚の状態を確認 □着るときの首の動きに支障はないか □体温調節ができているか □衣服を適切に選択できるか □どの順番で着るか判断できるか
生活環境面	□室温は適切か
心理面	□好みを主張できるか □外出の意欲があるか □趣味や地域活動への参加などの楽しみがあるか □家庭内での役割があるか □まわりの人との人間関係は良好か □まわりへの遠慮があるか

衣服着脱介助の準備や確認

（1）着替える前に確認しておくこと

衣服を着替える前の準備や確認をすることがいくつかあります。次の点を確認してから、衣服着脱の介助をしましょう。

●体調の確認

介助は利用者の体調を確認する機会でもあります（訴えや顔色、身体の動き、肌の状態など）。

●着替えることを伝える

衣服を着替えることを事前に確認してから行います。

●部屋の環境

部屋の環境を整えます（プライバシーの確保、室温など）。

第6章　介護技術の基本

● 着替えのときの気配り

利用者の羞恥心への配慮をします（介助するときバスタオルをかけて肌の露出を最小限にするなど工夫をする）。

● 服を選ぶ

利用者に希望を聴いて、デザインや普段着、寝間着などTPOに合った服を選びます。

> **寝間着の種類**
>
> 　ボタンのかわりに面ファスナー（マジックテープなど）やファスナーを用いたものなど、着脱のしやすさを考えたデザインのものが市販されています
>
>

● まひやけがの確認

まひや痛みなどがあって動かしにくい手足を確認します。

● 自立を促す

自立のために、時間がかかっても、自分でできることは自分でするのが

原則です。

● デザイン

　袖口、足首にゆとりのあるデザインのほうが脱ぐ着るがしやすくなります。ただし、利用者の好みも十分聴き取ります。

衣服着脱の介助と自分で脱ぎ着する方法

　上衣を着替えるとき、できるなら座った姿勢（座位）のほうが楽に着替えることができます。

（1）　上衣の着替え

　片まひのある利用者が上衣を着替えるときは、次のことが基本です。**脱ぐときは、自由のきく健側から**脱ぎます。**着るときは、まひ側の患側から**着るとまひ側の手足に負担をかけずに脱ぎ着ができます。

1．前あき（片まひ〈左側〉のある場合）

　　　　　　　　図表6－38　服を脱ぐ

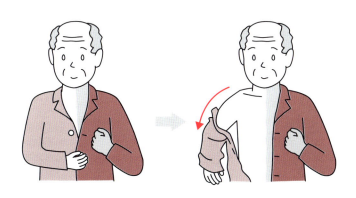

脱ぐときは、脱ぎやすいまひのない腕（健側）から脱ぎ、できないところを介助します。

第6章　介護技術の基本

図表6-39　服を着る

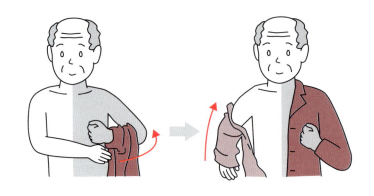

着るときは、まひのある腕（まひ側）から通します。

2. 上衣の着替え・かぶり（片まひのある場合）

図表6-40　服を脱ぐ

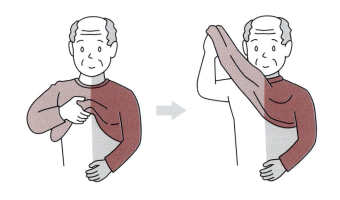

脱ぐときは、脱ぎやすい腕（健側）から脱ぎます。まひ側に立って様子を見ながら、できないところだけ手伝いましょう。

図表6-41　服を着る

着るときは、まひのある腕（まひ側）から通します。なるべく自分で着てもらいましょう。介助者はいつでも支えられるようにまひ側で見守ります。

第6節　衣服着脱の介助

（2）　ズボンの着替え（片まひのある場合）

　片まひのある利用者がズボンを着替えるとき、座った姿勢（座位）と立った姿勢（立位）がとれるなら座ったときにズボンを足に入れ（足を抜き）、立った姿勢でズボンを上げる（下げる）とよいでしょう。**ズボンをはくときは、まひのあるまひ側から**着替えます。利用者の自立度（できるところ、困難なところ）など様子を見ながら介助をしましょう。

（3）　浴衣の着替え（片まひのある場合）

　利用者の好みや病状によっては、寝間着として浴衣を着ている人もいます。浴衣のえり合わせ（利用者の左側が上になるようにする）に気をつけて介助しましょう。

253

第6章　介護技術の基本

第7節　事故や病気のときの対応

- 高齢者に多くみられる事故などの緊急時の対応について学ぶ
- 緊急時の対応を理解する
- 応急処置の方法などについての基本を理解する

1 緊急時の対応

（1）緊急時に備える

　私たちは、いつ、どこで、どのような急病人やケガ人にあうかわかりません。いかに冷静かつ適切に**応急処置**（負傷や急病に対してのさしあたっての手当て）ができるかによって、その人の生命を救えるかどうかのわかれ道になることもあります。また、応急処置をする場合は、早くて適切であるほど、病状や苦痛が軽くてすみます。あわてないことが大切です。

　緊急時に適切な対応ができるように、利用者の日常生活や心身の状態について把握しておきましょう。日ごろの状態がわかっていれば、ちょっとした変化にもすぐに気づくことができます。また、心身状態から起こりうることが予想される緊急事態とその対応方法についてはかかりつけ医などに確認しておきましょう。

1．緊急時のための準備

●緊急時の連絡先

　緊急時の連絡先や連絡方法を確認しておき、わかりやすいところに見え

るように貼っておきます（かかりつけ医や家族の連絡先〈携帯電話番号〉など）。

● **救急箱**

緊急時に必要な物品や救急箱などがどこにあるか確認しておきます。また、いつでも使用できるよう中身に足りないものがあれば補充しておきます。

● **応急処置や救急処置の理解**

講習などを受けて、応急処置や心肺蘇生法などの技術を身につけておけば緊急時に役立ちます。

（2） ケガや急変などが起きたとき

利用者が倒れていたり、ケガや急変などが起きたときは、あわてずに対応するよう心がけます。

ケガや急変など起きたときはまず冷静になり、状況を正確に把握します。そして、すぐにかかりつけ医に連絡するのか、救急車を要請しなければならないのか、あるいはどのような応急処置が必要なのかを判断し、その判断ができないときや迷ったときは、躊躇せずにかかりつけ医に指示を求めたり、救急車を要請します。

第6章 介護技術の基本

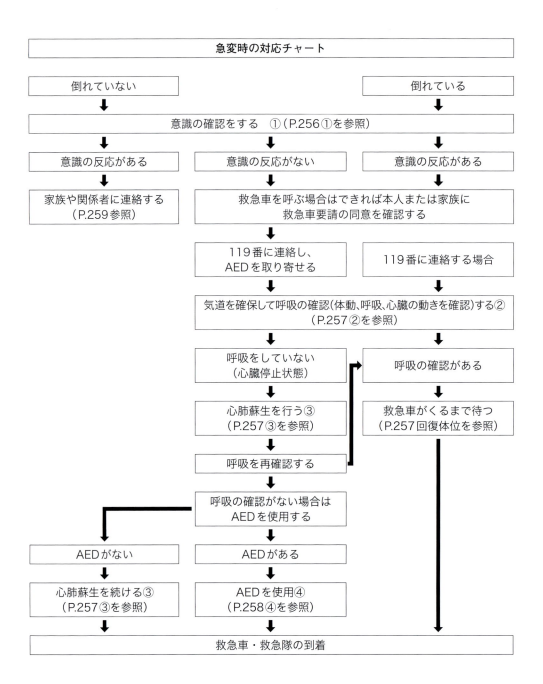

1．対応する

①意識の確認

軽く肩をたたきながら「○○さん大丈夫ですか」と名前を呼んだり

声をかけて、意識の確認。意識がない場合は身体をゆすったりせず、そのまま顔を横に向けて寝かし、安静にする。

●周囲の協力

　できる限り1人で対応しようとせず、周囲の人に協力を求める。特に家族がいる場合、協力して速やかに適切な行動をとる。

②**呼吸の確認**（気道の確保）

　意識がないときは呼吸がしやすい姿勢をとり、顎を突き出させて軌道を確保する。嘔吐して口のなかにものが詰まっているときは指でかき出す。119番通報をする。近くにあればAEDをとりにいく。

●回復体位をとってもらう

　医師または救急車が到着するまでは、利用者の苦痛を少しでも軽くできるように楽な姿勢をとってもらう。

図表6-42　回復体位

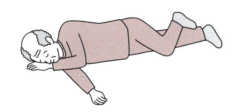

③**心肺蘇生法の手順**

●胸骨圧迫の手順

・連続して圧迫する場合、1分間に約100〜120回を目安とする
・胸骨が約5センチ沈むまで圧迫する

第6章 介護技術の基本

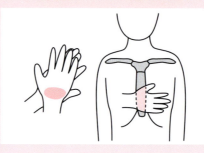

図表6-43　胸骨圧迫

胸骨圧迫の位置は、胸骨の下半分（胸の真ん中）。

※人工呼吸ができる場合は胸骨圧迫と人工呼吸との回数の比は30：2とする。人工呼吸ができない場合、ためらわれる場合は胸骨圧迫のみを行う

人工呼吸の手順（人工呼吸の技術と意思がある場合）

● 気道確保の姿勢にする

● 親指と人差し指で鼻をつまむ

● 大きく口を開け、傷病者の口をおおい、静かに1回吹き込む

● 吹きこんだ後、顔を胸部側に向け、胸の動きと呼吸を確認する

● さらに1回吹きこむ

（厚生労働省「救急蘇生法の指針　市民用2015」より）

④AEDの使用

　AEDとは、心電図自動解析装置を内蔵した医療機器のことで、心電図で解析し、電気ショックの必要があるかないかを判断する。音声などの指示に従って行う。設置されている場所を把握しておくとよい。

第7節　事故や病気のときの対応

> **軽いケガや病状の場合は受診する**
>
> 　介助中の事故や急変は軽いケガや症状であっても、念のため、かかりつけ医の診察を受けましょう。一見、おおごとではないように見えても、高齢者では思わぬケガや病気の場合もあります。介護者は医師ではないので、その症状から「この程度なら大丈夫」などと勝手に判断してはいけません。

2. 連絡・報告する

　医師や看護師、救急隊員に、それまでの利用者の容体（ようだい）の変化と応急処置の内容をなるべく正確に伝えます。

● 家族や関係者に連絡する

　程度に関係なく、家族や関係者に連絡します。

● かかりつけ医に連絡する場合

　かかりつけ医に連絡する場合は、利用者の現在の状態を正確に伝え、いま何を優先的に行うべきであるのか指示を受けます。

● 医師や救急車の到着

　かかりつけ医あるいは救急車が到着したら、発生からそれまでの容体の変化と応急処置の内容を報告します。持病や服薬があるときは、その病名や薬名、かかりつけ医（病院名）も伝えます。

3. その他

● 脈の確認方法

　のどぼとけのわきにある頸（けい）動脈に人差し指、中指、薬指の3本をあてがい脈を確認します。

● 出血の処置方法（出血している場合）

　多く出血しているときは清潔なガーゼなどを傷口にあてて圧迫すること

259

第6章　介護技術の基本

で止血します。このとき血液に触れると感染症の危険があるので使い捨てのディスポーザル手袋を使います。手に入らないときはビニール袋などで代用します。

止血の手順（直接圧迫法）

　清潔なガーゼやハンカチなどを傷口に当てて片手で圧迫する（出血がひどいときなどは両手で圧迫止血をする）

応急処置の方法

（1）　転倒や転落したとき（ケガや打撲、出血など）

　転倒・転落は、自宅、施設など場所に関係なく起こる事故です。日ごろから安全・安心を心がけることが大切です。転倒・転落によってぶつけたりしたときなど、打撲、切り傷やすり傷となる場合があります。

1．観察する

　まずは、ケガした部位（出血、痛み、腫れなど）や利用者の状態（意識、状況確認、動けるかどうか）をよく観察し、本人に確認します。

2．対応する
●**出血している場合**

　出血しているときは、痛みを感じている部分を動かさないようにします。傷口が汚れている場合は、流水で汚れを落とし、清潔なガーゼをあてます。
●**痛みがひどい・動かない場合、腫れや変形がある場合**

260

激痛や動かない部分があったり、腫れや変形などがみられたら、ねんざや骨折のおそれがあります。

高齢者の骨は脆く、外部からの弱い力でも骨折しやすくなっています。骨折をすると次のような症状が現れてきます。

骨折の症状

●動かしたり、その部位に触れると激しい痛みがある

●腫れている

●変形している

●骨折部位に近い関節が動かせない

●皮膚の変色がある

手や腕、足の骨折であれば、タオルなど柔らかいものを巻いた上で副木をあてて固定します。このとき、無理な動かし方をしないように気をつけます。固定後は骨折した患部を高くし、腫れを防ぎます。

痛みがひどい場合は、ショックを起こすこともあります。顔色や意識状態、寒がっていないかを確認し、寒さを訴えるようなときは保温します。

3. 連絡する

出血の程度やケガの具合に関係なく、家族や関係者に連絡しましょう。転倒・転落で頭をぶつけた場合は、本人が痛がってなくても念のため医療機関で受診します。

第6章　介護技術の基本

（2）　やけどしたとき

　やけどは、生活のなかで起こりがちな事故ですが、手当てを誤ると危険です。日ごろから適切な手当てをするための知識と技術が必要です。

● やけどの深さよりも広さに注意する

　やけどの範囲が広いほど血液成分が多く失われ、全身の血液循環が悪化していくために、ショックを起こし、生命の危険な状態となります。その目安は、大人では体表面積の20％、子どもでは10～15％以上でショック状態になる危険性があるので、そのようなときはすぐに救急車を呼びましょう。

1．観察する

　利用者の状態（痛みなど）や、やけどした部位とその状態（色、水疱、ただれ）を観察します。

2．対応する

　一刻も早く冷やします。きれいな流水ですばやく部位を冷やします。このとき、水道の蛇口から出る水を患部に直接あててはいけません。水圧によってやけど部分の皮膚がはがれてしまうこともあるので、危険です。水道などが近くにないときは、洗面器に水をくみ、そこで冷やします。洗面器を使う場合は、水は頻回に取り替え、清潔なものを用いるようにします。

　やけど部分を冷やすときは、患部に触れるものは清潔なものにし、細菌の感染を防ぎます。患部を冷やすことで痛みやショックを和らげます。

　痛みと熱さを感じなくなるまで（30分以上）冷やします。衣服を着ている場合は、無理に脱がせずそのまま水をかけて冷やします。

262

第7節 事故や病気のときの対応

● **薬は使用しない**

軟膏や消毒薬などはつけないようにします。

● **やけどの程度と手当て**

やけどの程度は「やけどの深さ」で分類されます。皮膚の表皮だけに限定された比較的軽症のやけどであるか、あるいは深い層にわたるやけどであるかによって重症度が異なります。その程度によって処置が異なります。

3. 連絡する

やけどの程度に関係なく、家族や関係者に連絡し、医療機関で受診します。

やけどの処置のしかた

①流水で冷やす

　流水で痛みがなくなるまで十分に冷やす

●衣服の処置

　衣服のまま水をかけ、痛みが和らいだら衣服を取りのぞく。衣服が皮膚にくっついているときは、一緒に皮膚がはがれてしまうのを避けるため、くっついている部分を残して衣服を切り取る（面積が大きい場合）

②拭き取り

　清潔なタオルで患部の水分を吸い取る

③患部の保護

　清潔なガーゼやタオルなどで軽く覆い、やけどした部位を保護する

④患部の位置

　腕や足などは患部を心臓より高く保つ

⑤受診

　医師の治療を受ける

第6章　介護技術の基本

高齢者によくみられる低温やけど（湯たんぽ、使い捨てカイロなど）

　まひがあったり足先の感覚が鈍感になっている高齢者の場合、熱さに気づかずにやけどをすることがあります。湯たんぽ、使い捨てカイロなどはタオルで包み、皮膚には直接触れないように注意します。やけどした場合は、医療機関で受診しましょう。

（3）　胸の痛みが起きたとき

　痛みによって、胸の息苦しさや呼吸困難、苦しさのあまり暴れたりする場合もあります。あわてずに救急車を呼び、利用者に声をかけ続けることが大切です。

1．観察する

　どんな痛みなのか、どこを痛がっているのかを観察します。

2．対応する

　あわてずに、とにかく安全に気をつけて、その場で安静にして衣服をゆるめると同時に、救急車を呼びます。痛みがすぐおさまった場合でも、はじめての場合は救急車で病院に行ったほうがよいでしょう。

　救急車がくるまで本人を励まします。背中をさすることも痛みを和らげ、精神的に落ち着くのでよいでしょう。

● **意識がない場合**

　本人の意識がない場合や呼吸困難がひどいときは気道を確保します。

3．連絡する

　楽な姿勢にし、救急車を呼び、かかりつけ医に連絡をとります。胸の痛

第7節　事故や病気のときの対応

みがおさまっても、かならず医療機関で受診します。

> **こんなときはすぐ救急車を呼ぶ**
>
> 　強い胸の痛みを訴えている、激しい頭痛を訴える、ろれつがまわらなかったり、腕や足に力が入らないなどの症状や意識に変化がみられたら、すぐに救急対応をします。

（4）　誤飲したとき

　誤飲は、高齢者に多くみられる事故です。乾電池やボタンなど口に入れやすい異物をうっかり飲み込んでしまうことは、特に認知症の症状のある人にみられるので注意が必要です。口に入れやすい大きさのもの、食べ物と間違ってしまうようなものなどは片づけておきましょう。

> **誤飲しやすい物**
>
> 　口に入れやすい大きさやかたちのもの（ペットボトルのキャップ、乾電池、ボタンなど）、食べ物と間違いやすいもの（消しゴム、ビー玉など）

1．観察する

利用者の状態（呼吸、状況確認など）を観察します。

2．対応する

　一般的な応急処置として利用者の意識があれば、まず異物を吐くよう促します。人差し指と中指を口に入れると比較的簡単にできます。また、水を飲んで吐いてもらいます。

265

第6章　介護技術の基本

● **吐いてはいけない場合（酸、アルカリによる中毒）**

　薬品などの場合、劇薬でやけどをする可能性もあるので吐いてはいけません。救急車を呼び、応急処置の仕方を指示してもらいましょう。

3．連絡する

　すぐに医療機関で受診します。

（5）　誤嚥したとき

　誤嚥は、食道に入る食べ物が誤って気管に入り、呼吸ができなくなってしまうことです。誤嚥をした場合、同時にむせたりせき込んだりします。呼吸困難に陥り、口唇にチアノーゼの症状がみられるときは、つまっているものをすぐに出すようにします。のどに詰まった物を除去する方法として、背部叩打法（誤嚥した人の頭をできるだけ低くした状態で背中をたたき続ける）やハイムリック法（誤嚥した人を後ろから抱きかかえて握りこぶしをみぞおちに当て圧迫するように押し上げる）があります。

1．観察する

　利用者の状態を観察します。

2．対応する

　一般的な応急処置として、利用者の意識があれば口から吐き出してもらいます。救急車を呼び、応急処置の仕方を指示してもらいましょう。

3．連絡する

　すぐに医療機関で受診します。

第7章

住み慣れた地域で暮らすために

第7章　住み慣れた地域で暮らすために

第1節　地域ケアの拠点とサービス

ここを学ぼう！

・地域包括支援センターの役割を理解する
・地域密着型サービスの利用者を理解する
・地域密着型サービスの特徴と種類を理解する
・地域のなかで高齢者を支援するしくみとは
・「地域包括ケアシステム」の目的と今後の方向性を学ぶ

地域包括支援センター

（1）　地域包括支援センターの役割

　地域包括支援センターとは、介護や高齢者の**生活支援について相談を受ける機関**です。市町村によって中学校区ごとに設置されています。ここでは、保健師、社会福祉士、主任ケアマネジャーといった専門職が高齢者の総合的な相談支援や介護予防事業をしています。地域における高齢者支援の中核を担っているので、自治体が高齢者向け事業を行うときなどの窓口になることが多いです。

　例えば、脳血管障がいで入院した高齢者が退院して自宅で介護サービスを利用するとき、介護保険をどうやって申請すればよいのかといった相談ができます。

おもな業務内容
●要支援者の介護予防サービス計画を作成

第1節　地域ケアの拠点とサービス

●介護予防事業（自治体が行う介護予防サービス）の介護予防サービス計画作成
●高齢者に関する総合相談や支援
●高齢者虐待防止、成年後見制度などの権利擁護
●地域のケアマネジャー支援など

地域密着型介護（介護予防）サービス

（1）　住み慣れた地域で提供される介護サービス

地域密着型介護サービスとは、2006（平成18）年4月1日の介護保険法の改正にともない創設されたサービスです。利用できる対象者は、「要支援」「要介護」に認定された人です。

認知症や一人暮らしの高齢者など、家族による介護が受けられない人が増えてきました。そのような高齢者が**住み慣れた地域で**介護サービスが受けられるようにと、地域の現在の状況や事情に合わせた地域の特徴を活かしたサービスであり、**市町村が主体**となって提供される介護サービスです。

地域密着型介護サービスの種類
●夜間対応型訪問介護
●認知症対応型通所介護／介護予防認知症対応型通所介護
●小規模多機能型居宅介護／介護予防小規模多機能型居宅介護
●認知症対応型共同生活介護（グループホーム）／介護予防認知症対応型共同生活介護（介護予防グループホーム）

269

第7章　住み慣れた地域で暮らすために

- ●小規模（定員29人以下）の特別養護老人ホーム
- ●小規模（定員29人以下）の特定施設入居者生活介護
- ●定期巡回・随時対応型訪問介護看護
- ●看護小規模多機能型居宅介護（旧・複合型サービス）
- ●地域密着型通所介護（2016〈平成28〉年4月より）

地域包括ケアシステム

（1）　医療・福祉・介護のサービスを地域全体で提供

　地域包括ケアシステムとは、地域の住民に対し、保健サービス（健康づくり）、医療サービス、在宅ケア、リハビリテーション等の医療や福祉、保健、介護サービスを関係者が連携、協力して提供していこうというしくみです。2011（平成23）年の介護保険法の改正で新たに提示された考え方です。

　介護を受けている高齢者の多くは何らかの病気をかかえています。そうした人が自宅などで生活を続けていくには、医療のみ、介護のみという援助では不十分であり、むずかしいことです。そこで、地域にある病院、診療所、介護事業者、訪問看護ステーション、地域包括支援センターなどから必要なあらゆる援助を得ることで、**在宅介護を実現**しようというものです。24時間体制で医療や介護の専門職が見守る入院中の状況に近いサービスや安心を、自宅でも提供することをめざしています。

　今後は具体的な介護サービスとして、介護を受ける高齢者や家族からの通報で24時間体制で介護職が駆けつけるといったものが増えていくでしょう。

第2節　在宅医療の基礎知識

ここを学ぼう！
- 医療保険と介護保険の利用者はどのような人か
- 在宅医療を必要とする人への理解を深める
- 在宅医療の拠点となる機関や関わる専門職
- 訪問看護の役割、具体的な看護内容
- 看護職と介護職、それぞれの役割と連携に必要なこと

1 医療保険と介護保険

（1）2つの制度で高齢者を支える

　介護を受ける高齢者の多くは**医療保険**と**介護保険**の両方を利用しています。病院や診療所で病気の治療を受けるときは医療保険です。そして、生活部分の援助として介護を受けるときは介護保険になります。介護を受けている高齢者の多くは何らかの病気をかかえているので医療保険と介護保険の両方を利用していますが、この2つの制度が重なっている領域があります。その1つが**訪問看護**です。

　医療保険で訪問看護を受けているのは、介護保険の要介護者ではなく、病気やケガにより自宅で療養している人です。おもな利用者は40歳未満の難病患者や重度障がい者、悪性腫瘍（あくせいしゅよう）の患者、精神障がい者などです。65歳以上の要介護者は、原則として介護保険で訪問看護を受けることになります（末期がんなどの場合は医療保険になります）。また、介護保険の第2号被保険者（40歳以上65歳未満）の人では、認知症や脳血管障が

第7章　住み慣れた地域で暮らすために

いといった老化が原因の特定の病気（特定疾病）の場合は介護保険から訪問看護サービスを利用することになります。

在宅医療

（1）　高まる在宅医療のニーズ

治療が必要ながら寝たきりなどにより病院や診療所へ通えない人は、**在宅医療**（医師などの医療者が自宅などを訪問して診察や薬の処方）を行います。おもな利用者は末期がん、脳梗塞、認知症、整形外科疾患、呼吸器疾患などの患者です。最近は自宅で死を迎えたいというがん末期患者などの**看取り**が増えています。

在宅医療では、**往診**（患者の求めに応じた診療）や**訪問診療**（定期的な診療）をする医師（在宅医）や**訪問看護**をする看護師が中心となり、ケアマネジャー、介護職なども連携して利用者とその家族を支援していきます。通常の在宅介護ではケアマネジャーが中心となって支援の方法を検討しますが、医療の関与が大きい在宅医療を利用する利用者の場合、医師が中心となって大きな方針を考えます。

そのとき、介護職に必要な医療知識がなければ一緒に支援ができません。在宅医療のニーズが高い現在では、治療方針や症状を理解する力が介護職にも求められます。

往診などの在宅医療を24時間対応で提供している医療機関は、**在宅療養支援診療所**と呼ばれています。

第2節　在宅医療の基礎知識

訪問看護

（1）　ターミナルケアで中心的役割を担う訪問看護

　訪問看護とは、在宅で療養する人に対して看護師が療養上の世話や診療を補助することです。訪問看護師は訪問看護ステーションや病院、診療所から派遣されます。居宅での**ターミナルケア**（終末期の医療や看護、介護のこと。身体的苦痛や精神的苦痛を軽減することが中心になる）では中心的な役割を担います。

　介護保険でサービスを利用する場合、利用者はケアマネジャーと訪問看護師に相談します。医療保険利用の場合は、本人や家族が医師（かかりつけ医）か訪問看護ステーションに利用を申し込みます。

訪問看護の内容

　状態の観察、清潔保持への援助、食事・排泄（はいせつ）の介助、褥瘡（じょくそう）の予防、服薬管理（ふくやく）、リハビリテーション、医療器具装着の看護、ターミナル期の看護、家族への介護指導、医師の指示による医療処置など

（2）　訪問看護と介護職の連携

1．看護の役割、介護の役割

　訪問看護師は医師の指示のもと、療養上の世話や診療の補助を行います。利用者の健康の維持増進や健康問題の解決がその中心です。介護職は利用者の日常生活を支援し、日常生活上の問題を解決することが中心になります。

第7章　住み慣れた地域で暮らすために

　看護と介護で共通する役割は、本人と家族に対する助言と日常生活で必要とされる支援です。

2.　連携の方法

①相互理解

　訪問看護師と介護職がお互いの仕事内容や役割を理解しましょう。そのために話し合いをして支援の計画を理解し合うことが大切です。

②情報交換

　居宅では病院や介護施設のように複数の職種が一緒に仕事をすることはほとんどありません。そのため、どのような支援をしたのか、そのとき本人の様子はどうだったのかなどの情報を訪問看護師と介護職で共有することが困難です。

　そこで、ケア記録のノートを訪問先の自宅に備えつけておくといった情報交換の工夫が必要になります。

③カンファレンス

　医師や訪問看護師、介護職、ケアマネジャーなどが集まり、**どのように支援していくのか**を検討したり、**それぞれの役割を確認**したりする会議のことをいいます。カンファレンスはさまざまな専門職が連携するために必要な会議です。通常、訪問診療等を始めるときや、病状が変化して治療方針が変更されたときに行われます。介護職は病状や治療方針を理解していなければ適切な支援ができませんので、それらを知る重要な機会になります。

編著者・監修者プロフィール

●編著者

内田千惠子

公益社団法人日本介護福祉士会　前副会長、公益社団法人東京都介護福祉士会　前副会長、株式会社あいゆうサポート　代表取締役

1989年特別養護老人ホーム「大塚みどりの郷」入職。介護課長、ホームヘルパーステーション管理者（兼務）、2005年、同施設の施設長に就任。公益社団法人日本介護福祉士会副会長、公益社団法人東京都介護福祉士会副会長を務める。主な著書に『あなたの家族が「もしかしたら認知症かも!?」と思ったとき読む本』（すばる舎）、『事例で学ぶ介護サービスNG集』（介護のしごとが楽しくなるこころシリーズ、日本医療企画）など。

●部分監修
　第4章

福島富和

医療法人社団明正会　認知症ケア研究所　前所長

群馬県において福祉行政で六法等を担当（特にケース・ワーカー、スーパーバイザーなど）。その後、高齢政策課、県立高齢者介護総合センター所長、日本認知症ケア学会代議員、NPO法人認知症ケア研究研修連絡協議会理事長（群馬県）、NPO法人生活介護ネットワーク顧問（埼玉県）、ぐんま認知症アカデミー幹事を務める。共著書に『介護職員基礎研修課程テキスト 第4巻 認知症の理解』（日本医療企画）など。

介護の基本テキスト　**はじめて学ぶ介護**　第2版

2012年2月20日初　版第1刷発行
2019年1月23日第2版第1刷発行

編　著　内田　千惠子
発行者　林　諄
発行所　株式会社日本医療企画
　　　　〒101-0033
　　　　東京都千代田区神田岩本町4-14　神田平成ビル
　　　　TEL　03-3256-2861（代）
印刷所　大日本印刷株式会社

ISBN978-4-86439-758-2 C2036　　©Chieko Uchida Printed in Japan, 2019
定価は表紙に表示しています。
本書の全部または一部の複写・複製・転訳等を禁じます。
これらの許諾については小社までご照会ください。